그리스도를 사는 사람들

PEOPLE LIVING CHRIST

하나님께서 낳은 새사람의 실체와 삶

그리스도를 사는 사람들

PEOPLE LIVING CHRIST

초판 펴낸 날 2025년 10월 3일

지은이 노정수

기획 이종건, 김미숙, 정영숙
동영상, 표지 유정완

펴낸이 김종관
북디자인 함명희
캘리그라피 임문혁

펴낸 곳 도서출판 에벤에셀
등록번호 제2-1587호
등록일자 1993년 7월 15일
주 소 서울특별시 중구 필동로8길 65
전 화 (02) 2273-8384, 팩시밀리 (02) 2273-1713
이메일 ebenbooks@hanmail.net
홈페이지 www.ebenbooks.com

ISBN 978-89-6094-151-9 03230

값 15,000원

본서는 전자출판진흥사업에서 제공된 Kopub world체를 사용하였습니다.

C PEOPLE LIVING CHRIST

그리스도를 사는 사람들

노 정 수 지음

📖 특별 부록 | QR 코드 안내

글로 전하지 못한 생생한 메시지를

영상으로 담았습니다. (Chapter 1~10)

구원받은 당신
새사람은 이런 사람입니다

여는 글

스승 되시는 성령님께서 이 책을 쓰게 하셨습니다

이 책은 성령께서 생각나게 하시고 열어 보여 주시며 가르쳐 주신 것만을 기록했습니다.

따라서 어느 감동적인 간증이나 신앙생활에 약간의 도움을 주기 위한 것이 아닙니다.

나의 바람은 이 책을 읽는 모든 분들이 성령님의 도우심으로 영안이 열리고 심령이 열려서 새로운 출발이 있기를 소망합니다.

성도인 우리가 구원받은 존재를 분명히 알게 하고 그 존재에 합당한 삶을 어떻게 살아야 하는지와 그 위치를 성경을 통해 성령님께서 알게 하신 것을 기록하였습니다.

부족하고 무명한 자이며 내세울 것 없는 나를 주님께서 기도하게 하시더니 목회 하도록 부르시고 온전히 사로잡으셔서 32년간의 목회를 하게 하셨습니다.

주님께서는 나에게 성도가 어떻게 사는 것이 주님 뜻에 합당한 삶인지를 지속적으로 열어 주시며 선교를 계속 이끌어가게 하셨습니다

목회 외의 다른 면에는 조금도 눈길을 돌리지 못하게 하시며 모든 배움들을 통해 주님께서 나에게 공급하시는 것이 얼마나 중요한 것이고, 꼭 필요한 것이며 주님의 영원한 계획을 이루어가게 하시는지를 알게 하셨습니다.

나도 다른 목회자들처럼 어떻게 하면 성도들을 변화시킬 수 있으며 성장시킬 수 있을까? 에 관심과 기대감을 가지고 열정을 다해 전했습니다.

특히 좋다는 제자훈련 과정을 통해 변화시켜 주시기를 많이 기도해 보았지만 훈련이 끝나면 얼마 지나서 이전과 똑같은 삶으로 돌아가 버리는 것을 보면서 속상해 하기도 하고 때로는 낙심되기도 했습니다.

사실은 나 자신도 변화되지 않는 것을 모르는 채 성도들만 변화되지 못하는 것을 안타까워했었습니다.

그러나 이제 확실하게 알게 되었습니다.

왜 그렇게 모든 교회가 노력해도 변화되지 않는지를 …,

그리고 성도들이 열심히 신앙생활을 하면서도 주님 때문에 행복해 하는 성도가 많지 않은지를 …,

또 교회 안에서 하나님의 사랑을 구하면서도 그 사랑을 체험하지 못하는지를 …,

기도생활을 열심히 하면서도 작은 문제만 생겨도 왜 주님의 평안을 잃어버리는지를 …,

교회에서 예배드릴 때는 주님을 찾고 주님 뜻대로 살아보려고 결단을 하지만 집에 가면 왜 완전히 다른 사람으로 살아가는지를…,

말과 생각은 날마다 주님과 동행하려고 묵상도 하고 영적인 생활을 훈련해 보아도 지속적으로 살아갈 수 없는지를…,

그리고 문제에 부딪히거나 조금만 어려움이 생겨도 여전히 고통 속에서 헤어나오지 못하는지를…,

아직도 물질에 포로가 되고 사람에게 매이게 되고, 참 자유와 기쁨은 순간이요 지속적으로 누리지 못하는지를 알게 되었습니다.

그것은 우리 삶이 그럴 수밖에 없는 법으로 살고 있기 때문이었습니다.

이제는 예수 그리스도가 죽고 부활하심으로 말미암아 생명의 성령의 법으로 바뀌었는데 성도들의 삶은 여전히 바뀐 법으로 살지 않기 때문입니다.

거듭난 새사람의 삶이 시작되었는데도 여전히 예수 믿기 이전의 삶의 방법인 경험과 지식에 의해 자신이 옳다고 하는 기준에 의해 살고 있습니다.

이제는 바뀐 법을 알고 바뀐 법대로 살아가야만 합니다.

이 책은 바뀐 법대로 살 수 있도록 성령님께서 가르치시고, 생각나게 하신 것을 대필했습니다.

"말세 준비도, 주님 맞을 준비도, 이렇게 사시면 됩니다!"

큰 소리로 외치고 또 외치고 싶습니다!

결과는 누구든지 실질적으로 주님을 체험하게 됩니다.

실제로 처음부터 완전히 변화된 삶을 살게 될 것입니다.

날마다 주님과 하루를 시작하고 벅찬 가슴을 소유하게 되며 주님의 말씀이 풍성히 거하는 것이 무엇인지 그 결과가 어떤 것인지를 체험하게 될 것입니다.

이 엄청난 복음을 사명으로 알고 동역하시는 우리 이사님들과 함께 교정한 이종건, 김미숙, 정영숙 전임 간사님들과 동영상과 표지 제작을 담당한 유정완 협력간사님께 감사드립니다.

또한 중보기도자로 늘 함께 동역하는 사랑하는 나의 아내 윤효남 사모와 늘 사랑과 격려로 나를 돕는 사랑하는 아들 노청 아주좋은교회 담임목사와 우리 사랑하는 딸 노지연, 사위 김형진, 손녀 김해인, 손자 김종현과 우리 협력 간사님들 또 물질과 중보기도로 후원해 주시는 PLC 모든 동역자님들에게 진심으로 감사를 드립니다.

그리고 책의 발간을 위하여 수고를 아끼지 않은 에벤에셀출판사의 편집자와 김종관 대표님에게 감사를 표하며, 과정 과정마다 인도하여 주시는 주님께 모든 영광을 돌립니다.

노정수 목사

들어가면서

새사람은 이런 사람입니다

예수를 주인으로 영접한 사람은 구원받고 거듭나서 교회 안에서 예배, 기도생활, 전도, 봉사와 헌신을 열심히 하는데도 대부분의 그리스도인들은 여전히 회개할 죄가 매일 생겨납니다.

주님 때문에 행복한 시간이 드물고 생활 속에 근심 염려가 여전히 괴롭히고 지치며 낙심하게 하는 현실이 지속됨을 부인할 수 없었습니다.

목회자들의 동일한 의문은 신앙생활을 몇 십 년 해도 왜 그렇게 근본적인 변화가 일어나지 않을까?

어떻게 하면 나도, 성도들도 변화된 삶을 살 수 있을까?

예수를 영접하면 정말 영원한 천국에 갈 수 있는 것일까?

구원받은 후의 죄 문제는 어떻게 되는 것일까?

그렇다면 어떻게 해야 하나님 뜻대로 살 수 있는 것일까?

갈등 되는 많은 문제들과 구원받은 그리스도인의 존재의 실체를 하나님께서 알게 하셨고 구원받은 그리스도인이 살아갈 삶의 법과 그 길을 보여주시었습니다.

그러므로 그리스도인은 바뀐 법을 알아서 바뀐 법대로 살아야만 착각된 그리스도인의 삶을 청산하여 사는 것입니다.

따라서 본 책은 삶의 시작부터 완전히 변화된 삶을 시작하도록 돕는 데 목적이 있습니다.

그리하여 하나님께서 우리를 향한 영원한 계획을 이룰 수 있는 삶을 알게 되고 매일 매 순간 거룩하고 흠 없는 삶을 살아갈 수 있도록 하는 데 있습니다.

이 책을 읽기 전에 당신에게 아래와 같은 질문을 하고 싶습니다.

믿음으로 대답하실 줄 압니다.

하나님께서는 그 질문에 대하여 저에게는 이렇게 대답하도록 말씀을 하셨습니다.

성령으로 태어난 새사람은

1. 예수를 믿으면 영접한 즉시 천국에 갈 수 있습니까?

   예! 갑니다.

2. 왜 한 번 구원받으면 절대 지옥 갈 수 없나요?

   죄를 지을 수 없는 새사람으로 태어났기 때문입니다.

3. 죄가 있어도 천국 갈 수 있나요?

   죄가 있으면 천국에 못 갑니다.

   다시 한 번 묻고 싶습니다.

당신은 예수님을 영접한 후에 새사람으로 태어났다는 사실을 알고 계십니까?

그럼 제2의 인생이 시작되었다는 사실도 알고 계시지요?

그렇다면 예수 믿기 시작해서 현재까지 사는 방법이 어떻게 바뀌었다고 생각하십니까?

자신을 위해 살지 않고 주님만 위해 사는 삶으로 시작되셨나요?

내 힘과 내 능력 내가 노력해서 주님의 뜻을 찾아 살고 계십니까?

아니면 나는 죽고 주님이 주인 되셔서 전적으로 주님 말씀에 순종만 하는 삶을 사십니까?

이렇게 새사람의 존재와 이 새사람이 어디에서 어떻게 살아야 하는지에 대해 알고 사신다면 어떨까요?

교회생활이 사회생활이 가정생활이 천국의 삶인 것을 실제로 체험하게 될 것입니다.

그리고 주 안에서 참 기쁨과 자유와 행복을 누리게 될 것이며 어떤 삶 가운데서도 넉넉히 이기는 삶을 살게 됩니다 (요일 5:4, 롬 8:17-18).

요한일서 5장 4절

무릇 하나님께로부터 난 자마다 세상을 이기느니라 세상을 이기는 승리는 이것이니 우리의 믿음이니라

로마서 8장 17-18절

17 자녀이면 또한 상속자 곧 하나님의 상속자요 그리스도와 함께 한 상속자니 우리가 그와 함께 영광을 받기 위하여 고난도 함께 받아야 할 것이니라

18 생각하건대 현재의 고난은 장차 우리에게 나타날 영광과 비교할 수 없도다

차 례

제1장

예수님을 영접하면?

실제로 엄청난 일이 더 많이 일어납니다.

제1장

예수님을 영접하면?

실제로 엄청난 일이 더 많이 일어납니다.

1. 즉시 새사람으로 태어납니다 (요 1:12-13).

요한복음 1장 12-13절

12 영접하는 자 곧 그 이름을 믿는 자들에게는 하나님의 자녀가 되는
권세를 주셨으니
13 이는 혈통으로나 육정으로나 사람의 뜻으로 나지 아니하고 오직
하나님께로 부터 난 자들이니라

이 말씀은, 너희가 이해할 수 없는 일이지만 내가 너희를 낳는 방법이라고 말씀하셨습니다.

이를 믿고 받아들이면 증거가 따르게 된다고 가르쳐 주셨습니다.

12절에서, 하나님의 자녀가 되는 조건은 영접하는 자 곧 그 이름을 믿는 자인데 그렇다면 영접하는 자란? 모셔 들인다는 뜻입니다.

예수 그리스도를 하나님의 아들로 믿는 것입니다. 은혜의 구원자이심을 믿는 것입니다. 자신의 주인으로 모셔 들이는 것입니다.

그러면 이 놀라운 일이 우리 영 안에서 일어납니다. 곧 하나님으로부터 다시 태어나게 됩니다 (13절).

이것을 위해서는 인간의 어떤 도움도 필요치 않습니다. 오히려 우리의 지식과 경험적인 도움이 방해가 될 뿐입니다. (이해가 안 되니까요.)

요 3:6-8에서도 이것에 대해 구체적으로 말씀해 주셨습니다.

사람은 누구나 반드시 거듭나야 하고, 성령으로 영을 낳지만 육신으로는 새사람으로 태어난 것이 체험되지 않습니다.

요한복음 3장 6-8절

6 육으로 난 것은 육이요 영으로 난 것은 영이니
7 내가 네게 거듭나야 하겠다 하는 말을 놀랍게 여기지 말라
8 바람이 임의로 불매 네가 그 소리는 들어도 어디서 와서 어디로 가는지
알지 못하나니 성령으로 난 사람도 다 그러하니라

그럼 어떻게 태어날까요?

1) 하나님의 씨로 태어납니다.

요일 3:9에서 분명하게 말씀하십니다.

요한일서 3장 9절

하나님께로부터 난 자마다 죄를 짓지 아니하나니 이는 하나님의 씨가 그의 속에 거함이요 그도 범죄하지 못하는 것은 하나님께로부터 났음이라

이 씨는 약 1:18에 하나님의 말씀으로 표현되고 있습니다.

벧전 1:23에서도 동일하게 말씀하고 계십니다.

약 1:18에서는 낳은 목적도 말씀하고 계시는데, 우리를 피조물 가운데 첫 열매가 되게 하시려고 하나님의 뜻을 따라 진리의 말씀으로 낳으셨다고 말씀하십니다.

야고보서 1장 18절

그가 그 피조물 중에 우리로 한 첫 열매가 되게 하시려고 자기의 뜻을 따라 진리의 말씀으로 우리를 낳으셨느니라

벧전 1:23에서 썩지 아니할 씨인 항상 살아 있는 하나님의 말씀으로 거듭난다고 하십니다.

베드로전서 1장 23절

너희가 거듭난 것은 썩어질 씨로 된 것이 아니요 썩지 아니할 씨로 된 것이니 살아 있고 항상 있는 하나님의 말씀으로 되었느니라

2) 하나님의 생명으로 탄생하게 됩니다.

요일 5:11-13을 통해 말씀하십니다.

요한일서 5장 11-13절

11 또 증거는 이것이니 하나님이 우리에게 영생을 주신 것과 이 생명이 그의 아들 안에 있는 그것이니라
12 아들이 있는 자에게는 생명이 있고 하나님의 아들이 없는 자에게는 생명이 없느니라
13 내가 하나님의 아들의 이름을 믿는 너희에게 이것을 쓰는 것은 너희로 하여금 너희에게 영생이 있음을 알게 하려 함이라

하나님은 이 엄청난 사실을 모두 알기를 원하십니다.

우리가 영접한 예수님 안에 하나님의 생명인 영생이 있는 것을 알기 원하십니다.

당신은 예수님을 주인으로 영접하셨습니까?

그렇다면 어떤 조건도 필요 없이 하나님의 생명인 영생이 당신의 생명이 되었습니다.

이 부분을 골 3:3-4에서 이렇게 확실히 말씀해 주십니다.

골로새서 3장 3-4절

3 이는 너희가 죽었고 너희 생명이 그리스도와 함께 하나님 안에 감추어졌음이라
4 우리 생명이신 그리스도께서 나타나실 그 때에 너희도 그와 함께 영광 중에 나타나리라

3) 3절에서 우리 생명이 그리스도와 함께 연합되었고, 하나님 안에 감추어졌습니다.

할렐루야!

우리는 주님과 함께 완전히 연합된 존재로 태어났습니다.

그러나 우리 생명의 어떠함은 절대로 나타나지 않습니다.

그런데 4절에서 우리의 생명이신 그리스도께서 나타나실 때에 연합된 우리도 그리스도와 함께 영광 중에 나타나게 됩니다.

이 얼마나 놀라운 존재가 되었습니까?

나는 예수만 영접했는데 도저히 이해할 수 없는 일이 일어난 것입니다.

이것만이 아니지요.

4) 완전히 새로운 피조물로 태어났습니다.

모든 사람들이여!

와서 좀 들어 보십시요!

고후 5:13-17을 실제로 믿는다면 어떻게 미치지 않고 가만히 있을 수 있겠습니까?

고린도후서 5장 13-17절

13 우리가 만일 미쳤어도 하나님을 위한 것이요 정신이 온전하여도 너희를 위한 것이니

14 그리스도의 사랑이 우리를 강권하시는도다 우리가 생각하건대 한 사람이 모든 사람을 대신하여 죽었은즉 모든 사람이 죽은 것이라

15 그가 모든 사람을 대신하여 죽으심은 살아 있는 자들로 하여금 다시는

그들 자신을 위하여 살지 않고 오직 그들을 대신하여 죽었다가 다시
살아나신 이를 위하여 살게 하려 함이라
16 그러므로 우리가 이제부터는 어떤 사람도 육신을 따라 알지 아니하
노라 비록 우리가 그리스도도 육신을 따라 알았으나 이제부터는 그
같이 알지 아니하노라
17 그런즉 누구든지 그리스도 안에 있으면 새로운 피조물이라 이전 것은 지
나갔으니 보라 새것이 되었도다

당신의 죄를 대신해서 짊어지고 죽으셔서 거듭난 자들로 하여금 다시는 그들 자신을 위하여 살지 않고 죽었다가 다시 사신 그리스도를 위하여 살게 하려 하셨습니다.

삶의 목적이 완전히 바뀌었습니다.

이제부터는 자신을 과거의 어떤 사람으로 보거나 생각하지 말고, 행동과 말이 바뀌지 않았어도 영 안에 새사람으로 태어난 것을 사실로 믿고 보려고 해야 합니다.

또 누구든지 그리스도 안에 있는 새사람을 안다면 완전히 새로운 피조물이란 것이 더욱 실감 나게 됩니다.

와! 할렐루야!

이 세상에 어떤 존재가 무엇이 이렇게 하나님과 연합되었고 화목케 될 수 있겠습니까?

주님을 주인으로 모셔 들인 당신 같은 분들만이 바로 새사람들입니다

이것이 전부가 아닙니다!
계속 감격합시다!
계속 기대합시다!

2. 두 가지 일이 즉시 생깁니다!

첫째, 즉시 영생을 얻었고,
둘째, 사망에서 생명으로 옮겨졌습니다.

1) 즉시 영생을 얻었고,

요 5:24을 통해 말씀하십니다.

요한복음 5장 24절

내가 진실로 진실로 너희에게 이르노니 내 말을 듣고 또 나 보내신 이를 믿는 자는 영생을 얻었고 심판에 이르지 아니하나니 사망에서 생명으로 옮겼느니라

"내가 진실로 진실로 너희에게 이르노니"
하나님이신 주님께서 제자들에게 지금 하려고 하는 말씀은, 너희가 들어도 도무지 이해할 수도 상상할 수도 없는 말이지만 정말 사실이니 "꼭 믿어달라!" 하신 의도로 말씀하십니다.
"내 말을 듣고, 또 나 보내신 이를 믿는 자는",
이 말씀은 하나님 아버지의 무엇을 믿는다는 것인가요?

하나님 아버지께서 예수님을 통해 나를 위해 해 놓으신 일, 즉 나 대신 죽게 하시고 나를 구원하신다는 것을 믿고 받아들인 자는 즉시 영생을 얻었습니다.

말씀을 많이 알고 많이 변화되어서가 아니라 믿는 즉시 얻었습니다.

어떻게 그럴 수 있을까요?

즉시 바로 새사람으로 태어났기 때문에 하나님의 생명인 영생을 얻었습니다.

얼마나 실제적이고 확실합니까?

또 "심판에 이르지 아니하나니"는 육신이 태어날 때부터 가진 사망의 운명대로 심판을 받지 않는다는 말입니다.

2) 사망에서 생명으로 옮겨졌습니다.

"사망에서 생명으로 옮겼느니라" 이 말씀은 계 20:11-15을 통해 알게 하셨습니다.

흰 보좌 심판 때 있을 일입니다.

요한계시록 20장 11-15절

11 또 내가 크고 흰 보좌와 그 위에 앉으신 이를 보니 땅과 하늘이 그 앞
에서 피하여 간 데 없더라
12 또 내가 보니 죽은 자들이 큰 자나 작은 자나 그 보좌 앞에 서 있는데
책들이 펴 있고 또 다른 책이 펴졌으니 곧 생명책이라 죽은 자들이 자
기 행위를 따라 책들에 기록된 대로 심판을 받으니
13 바다가 그 가운데에서 죽은 자들을 내주고 또 사망과 음부도 그 가운
데에서 죽은 자들을 내주매 각 사람이 자기의 행위대로 심판을 받고
14 사망과 음부도 불못에 던져지니 이것은 둘째 사망 곧 불못이라
15 누구든지 생명책에 기록되지 못한 자는 불못에 던져지더라

12절은 죽은 자들의 심판입니다.

예수를 믿지 않고 죽은 자들을 말합니다.

"보좌 앞에 책들이 펴 있고 또 다른 책이 펴졌으니 곧 생명책이라"

먼저 펴 있는 책은 사망책입니다. 다른 책이 생명책이기 때문입니다.

책에 기록된 대로 심판을 받는데 15절에는 "누구든지 생명책에 기록되지 못한 자는 불못에 던져지더라"

이 말씀은 우리가 부모로부터 태어날 때에 이미 심판을 받아 우리 이름이 사망책에 기록이 되어 있는데, 어느 날 복음을 듣고 예수님을 영접하면 사망책에서 생명책으로 이름이 즉시 옮겨진다는 사실입니다.

생명책에 이름이 없으면 무조건 불못에 던져집니다.

얼마나 놀라운 사실입니까?

이런 비밀을 세상 어떤 사람이 이해할 수 있겠습니까?

주님께 감사 찬양을 올려드립시다!

그리고 확실한 것은 당신이 알든 모르든, 이해가 되든 안 되든, 믿든지 믿지 않든지 상관없이 새사람으로 태어나면 즉시 이 모든 일이 일어납니다.

당신은 영생을 이미 얻었고, 이름도 생명책으로 옮겨졌습니다.

우리 기뻐합시다!

감사합니다!

소리쳐서 선포합시다!

나는 이미 영생을 얻었고, 내 이름이 생명책에 기록되었습니다.

할렐루야!

3. 옛사람을 그리스도와 함께 십자가에서 죽이셨습니다.

롬 6:6을 통해서 새사람으로 태어난 우리가 당연히 알아야 할 것은 "옛사람이 예수님과 함께 십자가에 못박혔다"고 말씀하십니다.

로마서 6장 6절

우리가 알거니와 우리의 옛 사람이 예수와 함께 십자가에 못 박힌 것은 죄의 몸이 죽어 다시는 우리가 죄에게 종 노릇 하지 아니하려 함이니

여러분의 옛사람은 어떤 사람입니까?

가문이 좋은 나 공부도 잘하고 인정받는 나 누구보다도 가정적으로나 물질적으로나 사회적으로나 존중받고 행복했던 나였습니까?

아니면 가난했고 상처 많이 받고 왕따당하고 무능했고 근심 염려가 항상 함께 있고 몸도 약하고 병들고 무엇인가 눌려 있던 나였습니까?

지위나 건강이나 능력이나 비전이나 그 어떤 것을 가졌다 할지라도 주님을 영접하기 전까지의 옛사람은 이제 죽었습니다.

아무리 그리워하더라도 아무리 실망스러웠더라도 그런 옛사람은 이미 끝났습니다.

완전히 죽었습니다.

고달픈 당신과 괴로운 인생도 소망 없는 인생도 건강하지 못한 인생도 모두 끝이 났습니다.

이제 새로운 인생을 시작해 볼 수 있는 놀랍고 엄청난 사람으로 태어났습니다.

그것도 나 혼자 내 힘으로가 아닌 주님이 주인 되셔서 모든 일을 대신해 사시는 데 춤추고, 외치고, 만나는 사람 사람에게 "나는 예수님 믿고 이런 새사람이 되었어요!"라고 소리쳐야 되지 않을까요?

그리고 "죄의 몸이 죽어 다시는 우리가 죄에게 종노릇 하지 아니하려 함이니"에서 죽은 이유와 목적을 말씀해 주십니다.

먼저 "죄의 몸이 죽었다"는 말씀은 무엇인지 주님을 믿기 전까지 우리 모두는 몸의 요구에 의해 죄의 종노릇 하도록 했었습니다.

이제 새사람은 몸의 요구에 반응하지 않고, 영의 요구 즉 주님의 말씀하심에만 순종하는 삶을 사는 사람이기 때문에 죄의 몸은 죽은 것이라고 말씀하십니다(롬 8:10).

로마서 8장 10절

또 그리스도께서 너희 안에 계시면 몸은 죄로 말미암아 죽은 것이나 영은 의로 말미암아 살아 있는 것이니라

새사람에게 어떤 영향력도 행사할 수 없다는 것입니다.

우리 옛사람을 죽이신 목적 중 하나가 죄에서 종노릇 하지 않게 하는 것입니다.

그런데 신앙생활 몇 년 했는데도 여전히 죄 에게 종노릇 한다면 이 시간으로 끝내고, 새사람을 알고 새사람이 사는 삶을 배워서 사시면 됩니다.

4. 나의 주인이 예수님으로 완전히 바뀌었습니다 ! (갈 2:19-20)

갈라디아서 2장 19-20절

19 내가 율법으로 말미암아 율법에 대하여 죽었나니 이는 하나님에 대
하여 살려 함이라
20 내가 그리스도와 함께 십자가에 못 박혔나니 그런즉 이제는 내가 사는 것이
아니요 오직 내 안에 그리스도께서 사시는 것이라 이제 내가 육체 가
운데 사는 것은 나를 사랑하사 나를 위하여 자기 자신을 버리신 하나님의
아들을 믿는 믿음 안에서 사는 것이라

19절에서 "내가 율법으로 말미암아 율법에 대해 죽었나니" 이 말씀에서는 "내가"는 율법을 지키려고 하다가 못 지키고 오히려 정죄를 받아 율법에 대해서는 소망이 없고 죽은 옛사람을 말합니다.

그러나 죽고 거듭난 새사람은 하나님에 대하여 사는 자입니다.

이 새사람은 어떻게 살 수 있을까요?

20절 "이제는 내가 사는 것이 아니요"라는 말씀은 나를 위해 사는 내가 죽었고, 이제 나에 대한 어떤 것도 있을 수 없습니다.

"오직 내 안에 그리스도께서 사시는 것이다"라는 말씀은 말씀 그대로 지금부터 영원토록 그리스도께서 주인 되셔서 모든것을 생각나게 하시고, 가르쳐 주셔서 나를 대신해 사시는 것입니다.

모든 것을 공급하시고, 보호하시고, 인도하시며 책임지십니다.

"이제 내가 육체 가운데 사는 것은… 하나님의 아들을 믿는 믿음 안에서 사는 것이라"

이 말씀은 내가 주님의 말씀을 듣고 순종했을 때 다른 사람이 나를 보고 주님을 볼 수 없기에 내가 했다고 인정하는 그때 내가 드러나지만, 사실은 내 안에 계신 주님이 하라고 하신 것이기에 실상은 주님이 하신 것입니다.

그리고 "하나님의 아들을 믿는 믿음 안에서 사는 것이다"라고 했는데, 내 안에 사시는 그리스도께서 말씀하실 때 어떤 말씀은 환경에 맞든 안 맞든, 내 경험과 지식에는 동의가 되든 안 되든, 그대로 믿고 순종하여 그리스도를 살 때 내가 그 안에 존재함을 말합니다.

구체적으로 말한다면 내가 말씀을 듣고 순종을 안 했다든지, 말씀을 듣지 않았을 때 이때는 나의 존재는 있을 수 없음을 말합니다.

이것은 "그리스도께서 나를 육체를 통해 하셨습니다." 로 표현할 때만을 의미합니다.

갈 2:20이 새사람의 실체는 나는 죽고 그리스도께서 사는 것입니다.

살아가는 위치는 "예수님이 주인이시고, 나는 종의 위치입니다."

본질은 내가 그리스도를 사는 것입니다.

갈 2:20에서 떠난 어떤 삶도 하나님은 인정하시지 않습니다.

마치 다림줄처럼 삶 가운데 갈 2:20로 재어 보시면 즉시 실체가 드러납니다.

옛사람의 삶이었는지, 새사람의 삶이었는지.

할렐루야!

하나님이신 그분이 내 주인이시라니…,

천지를 만드신 그 하나님이 내 안에 계시다니…,

빛이 있으라 하매 빛이 있고

죽어서 냄새가 나는 나사로에게 나오너라 하시니,

죽은 자가 살아 나오게 하시는

그 엄청난 주님이 나의 주인 되셨는데도

대체 나는 주님 믿고 어떤 존재가 되었습니까?

무엇을 염려하고 두려워하겠습니까?

실제로 믿고 행하기만 하면 모두 사실임을 체험하게 될 텐데요.

5. 죄와 사망의 법에서 해방됩니다.

롬 8:1-2을 통해 말씀하십니다.

로마서 8장 1-2절

1 그러므로 이제 그리스도 예수 안에 있는 자에게는 결코 정죄함이 없나니
2 이는 그리스도 예수 안에 있는 생명의 성령의 법이 죄와 사망의 법에서 너를 해방하였음이라

"그러므로 이제 예수 그리스도 안에 있는 자에게는 결코 정죄함이 없나니"에서,

예수 그리스도 안에 있는 자는 어떤 자일까요?

첫째는 새사람을 말하고

두 번째는 영의 생각으로 사는 자를 말합니다 (롬 8:4).

로마서 8장 4절

육신을 따르지 않고 그 영을 따라 행하는 우리에게 율법의 요구가 이루어지게 하려 하심이니라

이런 사람은 어떤 경우에도 정죄함이 있을 수 없습니다.

그 새사람은 죄를 지을 수 없는 생명으로 사는 사람이기 때문입니다(요일 3:9).

요한일서 3장 9절

하나님께로부터 난 자마다 죄를 짓지 아니하나니 이는 하나님의 씨가 그의 속에 거함이요 그도 범죄하지 못하는 것은 하나님께로부터 났음이라

또한 법적으로도 죄와 사망의 법의 다스림 안에서 그리스도 안에 있는 생명의 성령의 법이 해방시켰기 때문입니다.

새사람은 생명의 성령의 법 아래 있습니다.

죄와 사망의 법은 다스릴 수 없습니다.

할렐루야!

얼마나 놀라운 일입니까?

우리는 최선을 다해서 선하고 착하게 신실하게 살려고 하지만 순간적으로 자신이 정죄감에 잡히게 됩니다.

그리고 다른 사람으로부터 정죄를 당하기가 쉽습니다.

그런데 이제 그런 환경에서 완전히 벗어나서 행복한 삶을 살 수 있는 존재가 되었다니…….

자! 어떻습니까?

예수님을 영접한 것이 얼마나 놀라운 기적입니까?

도저히 말로는 형언할 수 없는 하나님의 은혜요 사랑입니다.

물론 지금까지 말한 것이 전부가 아니지요 기본에 불과합니다.

앞으로 더 놀랍고 엄청난 말씀을 기대하셔도 좋으실 것 같습니다!

다시 질문하고 싶습니다!

예수님을 영접한 것이 얼마나 놀라운 기적입니까?

제2장

예수를 믿고 영접하면 어떻게 거듭날 수 있나?

탄생 방법은 물과 성령으로 거듭납니다.

그러나 자신은 거듭났음을 알지 못합니다.

제2장

예수를 믿고 영접하면 어떻게 거듭날 수 있나?

탄생 방법은 물과 성령으로 거듭납니다.
그러나 자신은 거듭났음을 알지 못합니다.

우리 하나님 아버지께서 만드신 피조물들을 보십시오 (창 1:22, 26-28).

창세기 1장 22절, 26-28절

22 하나님이 그들에게 복을 주시며 이르시되 생육하고 번성하여 여러 바닷물에 충만하라 새들도 땅에 번성하라 하시니라

26 하나님이 이르시되 우리의 형상을 따라 우리의 모양대로 우리가 사람을 만들고 그들로 바다의 물고기와 하늘의 새와 가축과 온 땅과 땅에 기는 모든 것을 다스리게 하자 하시고

27 하나님이 자기 형상 곧 하나님의 형상대로 사람을 창조하시되 남자와 여자를 창조하시고

28 하나님이 그들에게 복을 주시며 하나님이 그들에게 이르시되 생육하고 번성하여 땅에 충만하라, 땅을 정복하라, 바다의 물고기와 하늘의 새와 땅에 움직이는 모든 생물을 다스리라 하시니라

22절에서 "생육하고 번성하라!" 라고 명령하십니다.

26-27절에서 사람을 만드시고,
28절은 "생육하고 번성하라!" 라고 하셨습니다.

그리고 하나님의 말씀은 그때부터 지금까지 그대로 생육하고 번성하고 있습니다.

그런데 이 세상의 모든 생물이 생육하고 번식하는 방법은 모두 다릅니다.

1. 탄생하는 방법

생명에 따라 다릅니다.

예를 들어서 곤충이나 꽃이나 물고기나 짐승이나 사람이 다 다릅니다.

사람의 탄생은 부모님을 통해서 육을 낳고(요 3:6), 거듭난 사람은 예수를 영접하여 하나님을 통해서 영(새사람)을 낳게 됩니다.

요한복음 3장 6절

육으로 난 것은 육이요 영으로 난 것은 영이니

다시 말하면 사람의 탄생은 부모가 가진 생명 곧 사람의 생명을 가지고 태어납니다.

이 생명으로 예수를 믿기 전까지 죄와 사망의 법으로 살아왔습니다.

거듭난 새사람은 하나님 아버지의 생명 곧 예수님께서 가지신 생명(영생)이요, 죄를 지을 수 없는 생명으로 살아가게 됩니다.

우리가 신앙생활을 잘하고 노력하여 잘못된 것을 끊거나 고치며 절제하고 무엇을 어떻게 행동을 바뀌게 해서 거듭나는 것이 아닙니다.

하나님께서 낳으신 것입니다.

2. 어떻게 탄생하게 되는가?

요 3:5을 통해,

요한복음 3장 5절

예수께서 대답하시되 진실로 진실로 네게 이르노니 사람이 물과 성령으로 나지 아니하면 하나님의 나라에 들어갈 수 없느니라

"물과 성령으로" 즉 말씀과 성령으로 낳으십니다.

우리가 복음을 듣고 예수님을 자신의 주인으로 영접만 하면 우리 영 안에 들어 오셔서 즉시 성령으로 새사람을 낳으십니다 (요 1:12-13).

요한복음 1장 12-13절

12 영접하는 자 곧 그 이름을 믿는 자들에게는 하나님의 자녀가 되는 권세를 주셨으니

13 이는 혈통으로나 육정으로나 사람의 뜻으로 나지 아니하고 오직 하나님께로부터 난 자들이니라

"난 자들이라"는 것은 예수님을 믿고 받아들일 때 낳은 자입니다.

이것은 예수님이 죽고 부활하여 살려주는 영으로 우리 안에 들어오신 것입니다 (고전 15:45).

고린도전서 15장 45절

기록된 바 첫 사람 아담은 생령이 되었다 함과 같이 마지막 아담은 살려 주는 영이 되었나니

살려 주는 영을 설명해주신 말씀은 요 7:37-39입니다.

요한복음 7장 37-39절

37 명절 끝날 곧 큰 날에 예수께서 서서 외쳐 이르시되 누구든지 목마르거든 내게로 와서 마시라

38 나를 믿는 자는 성경에 이름과 같이 그 배에서 생수의 강이 흘러나오리라 하시니

39 이는 그를 믿는 자들이 받을 성령을 가리켜 말씀하신 것이라
(예수께서 아직 영광을 받지 않으셨으므로 성령이 아직 그들에게 계시지 아니하시더라)

구원받을 자들이 받을 성령을 가리켜 말씀하신 것이고, 이 성령은 반드시 예수님께서 죽고 부활하셔야(영광 받아야)만 우리 안에 거하게 됨을 말씀하십니다.

또한 이 성령을 요 14:16-17에서는 "또 다른 보혜사"로 너희에게 주사 영원토록 너희와 함께 있게 하겠다고 하시며 그를 또 "진리의 영"이라고도 부릅니다.

요한복음 14장 16-17절

16 내가 아버지께 구하겠으니 그가 또 다른 보혜사를 너희에게 주사 영원토록 너희와 함께 있게 하리니
17 그는 진리의 영이라 세상은 능히 그를 받지 못하나니 이는 그를 보지도 못하고 알지도 못함이라 그러나 너희는 그를 아나니 그는 너희와 함께 거하심이요 또 너희 속에 계시겠음이라

이 성령님은 우리와 함께 사시고 우리 속에 계시겠다고 말씀하십니다. 또 요 14:23에는,

요한복음 14장 23절

예수께서 대답하여 이르시되 사람이 나를 사랑하면 내 말을 지키리니 내 아버지께서 그를 사랑하실 것이요 우리가 그에게 가서 거처를 그와 함께 하리라

사람이 나를 사랑하면 내 말을 지키리니 주인으로 대우하면 하나님 아버지께서 그를 사랑하시고, 우리가 그에게 가서 거처를 그와 함께 하겠다고 하십니다.

즉 삼위일체 하나님께서 성령으로 우리 안에 들어오셔서 사시게 됩니다.

이것을 한마디로 표현하신 곳이 있습니다.

요 6:63을 통해 예수님의 말씀은 영이고 생명이라고 말씀하셨습니다.

즉 예수님의 말씀은 살리는 영이라고 말씀하고 계십니다.

요한복음 6장 63절

살리는 것은 영이니 육은 무익하니라 내가 너희에게 이른 말은 영이요 생명이라

이 말씀이 처음 실제적으로 이루어지는 현장은

1) 예수님께서 제자들에게 요 20:21-23을 통해 보여주십니다.

요한복음 20장 21-23절

21 예수께서 또 이르시되 너희에게 평강이 있을지어다 아버지께서 나를 보내신 것같이 나도 너희를 보내노라
22 이 말씀을 하시고 그들을 향하사 숨을 내쉬며 이르시되 성령을 받으라
23 너희가 누구의 죄든지 사하면 사하여질 것이요 누구의 죄든지 그대로 두면 그대로 있으리라 하시니라

그들을 향하여 숨을 내시며 이르시되 "성령을 받으라!" 하시고 받은 결과 23절 "너희가 누구의 죄든지 사하면 사하여질 것이요"라고 말씀하시는데 어떻게 죄를 사하게 해 줄 수 있는가요?

우리가 예수님처럼 다른 사람에게 복음을 전하여 받아들이기만 하면 거듭난 새사람으로 태어나기 때문입니다.

"그대로 두면 그대로 있으리라 하시니라"는 너희가 복음을 전하지 않으면 죄가 그대로 있게 된다는 말씀입니다.

2) 제자들도 보내심을 받았습니다 (요 20:21).

이 생명으로 거듭난 제자들이 이 말씀을 전할 때 동일한 역사가 일어남을 계시하십니다 (롬 10:8-10).

로마서 10장 8-10절

8 그러면 무엇을 말하느냐 말씀이 네게 가까워 네 입에 있으며 네 마음
에 있다 하였으니 곧 우리가 전파하는 믿음의 말씀이라
9 네가 만일 네 입으로 예수를 주로 시인하며 또 하나님께서 그를 죽은
자 가운데서 살리신 것을 네 마음에 믿으면 구원을 받으리라
10 사람이 마음으로 믿어 의에 이르고 입으로 시인하여 구원에 이르느니라

믿음의 말씀이 네 입과 마음에 있다 하시며 이것이 전파하는 믿음의 말씀이라고 하십니다.

로마서 10장 13-15절

13 누구든지 주의 이름을 부르는 자는 구원을 받으리라
14 그런즉 그들이 믿지 아니하는 이를 어찌 부르리요 듣지도 못한 이를
어찌 믿으리요 전파하는 자가 없이 어찌 들으리요
15 보내심을 받지 아니하였으면 어찌 전파하리요 기록된 바 아름답도다 좋은
소식을 전하는 자들의 발이여 함과 같으니라

13절은, 누구든지 주의 이름을 부르는 자는 구원을 받는다고 말씀하십니다.

14절은, 그들이 이름을 불렀다 하는 것은 믿었기 때문이요. 믿게 된 것은 들었기 때문이요 들은 것은 전파하는 자가 있었다는 말씀입니다.

15절은, 또한 말씀을 전파하는 자는 반드시 주님의 보내심을 받은 자라는 사실입니다.

그러므로 제자들은 주님의 보내심을 받은 것을 확신하고 주시는 말씀을 받아 전파할 때 동일한 구원의 역사 곧 죄를 사하고 새사람이 탄생하는 역사가 일어납니다.

3) 새사람인 성도가 또 다른 사람들에게 보내심을 받았습니다.

우리가 (그리스도인들) 복음을 전할 때 우리 안에 계신 주님께서는 우리를 통해 말씀하십니다.

마 10:20 말씀 그대로,

마태복음 10장 20절

말하는 이는 너희가 아니라 너희 속에서 말씀하시는 이 곧 너희 아버지의 성령이시니라 말하는 이는 너희가 아니라 너희 속에 성령께서 말씀하심으로 너희가 받아들이면 요 14:23의 말씀 그대로 들어가셔서 성령으로 새사람을 낳습니다.

요한복음 14장 23절

예수께서 대답하여 이르시되 사람이 나를 사랑하면 내 말을 지키리니 내 아버지께서 그를 사랑하실 것이요 우리가 그에게 가서 거처를 그와 함께 하리라

골 3:10 에서 계시한 것처럼,

골로새서 3장 10절

새사람을 입었으니 이는 자기를 창조하신 이의 형상을 따라 지식에까지 새롭게 하심을 입은 자니라

하나님의 형상을 따라 지식에까지 새롭게 하심을 입은 자로이 새사람은 완전히 하나님의 자녀인 하나님의 사람입니다.

꼭 말씀을 드리고 싶습니다!

구원받은 새사람은 실제로 영 안에 하나님께로부터 태어났습니다!

이러한 사실을 여러 곳에서 말씀하고 있습니다.

요일 3:6, 9 ; 4:7, 15 ; 5:1, 4, 18 …

요한일서 3장 6절

그 안에 거하는 자마다 범죄하지 아니하나니 범죄하는 자마다 그를 보지도 못하였고 그를 알지도 못하였느니라

요한일서 3장 9절

하나님께로부터 난 자마다 죄를 짓지 아니하나니 이는 하나님의 씨가 그의 속에 거함이요 그도 범죄하지 못하는 것은 하나님께로부터 났음이라

요한일서 4장 7절

사랑하는 자들아 우리가 서로 사랑하자 사랑은 하나님께 속한 것이니
사랑하는 자마다 하나님으로부터 나서 하나님을 알고

요한일서 4장 15절

누구든지 예수를 하나님의 아들이라 시인하면 하나님이 그의 안에 거하시고 그도 하나님 안에 거하느니라

요한일서 5장 1절

예수께서 그리스도이심을 믿는 자마다 하나님께로부터 난 자니 또한 낳으신 이를 사랑하는 자마다 그에게서 난 자를 사랑하느니라

요한일서 5장 4절

무릇 하나님께로부터 난 자마다 세상을 이기느니라 세상을 이기는 승리는 이것이니 우리의 믿음이니라

요한일서 5장 18절

하나님께로부터 난 자는 다 범죄하지 아니하는 줄을 우리가 아노라 하나님께로부터 나신 자가 그를 지키시매 악한 자가 그를 만지지도 못하느니라

제3장

예수를 영접하기 전 인간의 상태

제3장

예수를 영접하기 전 인간의 상태

1. 창조 때의 상태는 창조주 하나님과의 관계에서 죄가 없었습니다.

1) 하나님의 영인 성령이 사람의 영 안에 계셨습니다.

그래서 하나님과 교제가 가능했습니다.

실제는 사람의 영이 그 사람 자체입니다.

2) 사람이 활동할 때나 어떤 때도 자신의 뜻이나 생각대로 하지 않고, 하나님께 말씀을 받아서 혼에게 명령합니다.

그래서 혼 안의 생각, 감정, 의지가 결정하여 몸에게 명령하면 몸은 순종하여 하나님의 뜻을 나타내게 됩니다.

그러므로 사람 스스로는 어떤 일을 할 수 없는 상태였고 분별력도 없었습니다.

오직 하나님의 음성을 듣고 그대로 순종하여 하나님을 나타내는 사람으로 지으셨습니다.

3) 따라서 영도, 혼도, 몸도 죄를 짓지 않았으며 거룩하고 흠이 없는 깨끗한 사람이었습니다.

그러므로 하나님과 대면하며 대화하고 행복한 삶을 살 수 있었습니다 (창 2:7-15, 18-25).

창세기 2장 7-15절

7 여호와 하나님이 땅의 흙으로 사람을 지으시고 생기를 그 코에 불어넣으시니 사람이 생령이 되니라

8 여호와 하나님이 동방의 에덴에 동산을 창설하시고 그 지으신 사람을 거기 두시니라

9 여호와 하나님이 그 땅에서 보기에 아름답고 먹기에 좋은 나무가 나게 하시니 동산 가운데에는 생명 나무와 선악을 알게 하는 나무도 있더라

10 강이 에덴에서 흘러 나와 동산을 적시고 거기서부터 갈라져 네 근원이
되었으니
11 첫째의 이름은 비손이라 금이 있는 하윌라 온 땅을 둘렀으며
12 그 땅의 금은 순금이요 그곳에는 베델리엄과 호마노도 있으며
13 둘째 강의 이름은 기혼이라 구스 온 땅을 둘렀고
14 셋째 강의 이름은 힛데겔이라 앗수르 동쪽으로 흘렀으며 넷째 강은
유브라데더라
15 여호와 하나님이 그 사람을 이끌어 에덴 동산에 두어 그것을 경작하며
지키게 하시고

창세기 2장 18-25절

18 여호와 하나님이 이르시되 사람이 혼자 사는 것이 좋지 아니하니 내가
그를 위하여 돕는 배필을 지으리라 하시니라
19 여호와 하나님이 흙으로 각종 들짐승과 공중의 각종 새를 지으시고
아담이 무엇이라고 부르나 보시려고 그것들을 그에게로 이끌어 가시니
아담이 각 생물을 부르는 것이 곧 그 이름이 되었더라
20 아담이 모든 가축과 공중의 새와 들의 모든 짐승에게 이름을 주니라
아담이 돕는 배필이 없으므로
21 여호와 하나님이 아담을 깊이 잠들게 하시니 잠들매 그가 그 갈빗대
하나를 취하고 살로 대신 채우시고
22 여호와 하나님이 아담에게서 취하신 그 갈빗대로 여자를 만드시고
그를 아담에게로 이끌어 오시니

23 아담이 이르되 이는 내 뼈 중의 뼈요 살 중의 살이라 이것을 남자에
게서 취하였은즉 여자라 부르리라 하니라
24 이러므로 남자가 부모를 떠나 그의 아내와 합하여 둘이 한 몸을 이룰
지로다
25 아담과 그의 아내 두 사람이 벌거벗었으나 부끄러워하지 아니하니라

그러나 선악과를 먹으면 반드시 죽으리라 하셨습니다 (창 2:16-17).

이것은 자유 의지를 주시되 하나님의 말씀 안에서 벗어나 마음대로 하는 자유 의지가 아닙니다.

창세기 2장 16-17절

16 여호와 하나님이 그 사람에게 명하여 이르시되 동산 각종 나무의 열매는
네가 임의로 먹되
17 선악을 알게 하는 나무의 열매는 먹지 말라 네가 먹는 날에는 반드시 죽으
리라 하시니라

2. 타락 후의 상태는 영은 죽고, 혼, 몸은 죄로 짜여졌습니다.

하와가 뱀의 거짓말에 속아서 선악과를 먹음으로 반드시 죽으리라고 말씀하신 그대로 되었습니다.

이때 선악과가 인간의 몸 안에 들어가서 몸을 완전히 장악했습니다.

이로 인해 몸이 죄로 짜여지게 되었습니다. 그러므로,

1) 하나님의 영이 떠나게 되어 사람의 영은 죽었고 (엡 2:1)

에베소서 2장 1절

그는 허물과 죄로 죽었던 너희를 살리셨도다

2) 하나님과 교제할 수 없는 사람이 되었으며,

3) 몸은 육체가 되었습니다 (창 6:3).

창세기 6장 3절

여호와께서 이르시되 나의 영이 영원히 사람과 함께 하지 아니하리니 이는 그들이 육신이 됨이라 그러나 그들의 날은 백이십 년이 되리라 하시니라

4) 이때 혼은 영으로부터 하나님의 말씀을 받을 수 없게 되었으므로 늘 몸이 요구하는 대로 순종하게 되었습니다.

5) 여기에서 얻게 된 지식과 경험 등이 그의 가치 기준이 되어 인격이 형성되었고 그 사람을 옛사람이라고 부릅니다(엡 4:22).

에베소서 4장 22절

너희는 유혹의 욕심을 따라 썩어져 가는 구습을 따르는 옛 사람을 벗어 버리고

6) 이 옛사람을 성경에서는 나, 자신, 자아, 육신, 죄인, 겉 사람이라고 각각 부릅니다.

3. 옛사람의 존재는 선악과로 몸의 요구에 의해 조성되었습니다.

1) 선악과로 조성되었습니다.

세상의 모든 지식, 구조, 법, 문화, 생활, 생각, 모든 기준, 모든 평가 등은 선악과로 형성되었습니다.

선악과의 특징은 (마 7:1-5),

마태복음 7장 1-5절

1 비판을 받지 아니하려거든 비판하지 말라
2 너희가 비판하는 그 비판으로 너희가 비판을 받을 것이요 너희가 헤아리는 그 헤아림으로 너희가 헤아림을 받을 것이니라
3 어찌하여 형제의 눈 속에 있는 티는 보고 네 눈 속에 있는 들보는 깨닫지 못하느냐
4 보라 네 눈 속에 들보가 있는데 어찌하여 형제에게 말하기를 나로 네 눈 속에 있는 티를 빼게 하라 하겠느냐
5 외식하는 자여 먼저 네 눈 속에서 들보를 빼어라 그 후에야 밝히 보고 형제의 눈 속에서 티를 빼리라

(1) 서로 비판하게 되고,

(2) 상대방의 티를 크게 보고 판단하며,

(3) 자기 자신의 들보는 (자기 잘못) 보지 못합니다.

선악과로 보거나 말하거나 나타내면 서로 상처를 받거나 사망의 증상이 따라 오게 됩니다.

2) 몸은 이제 완전히 죄로 짜여졌습니다 (롬 5:12).

로마서 5장 12절

그러므로 한 사람으로 말미암아 죄가 세상에 들어오고 죄로 말미암아 사망이 들어왔나니 이와 같이 모든 사람이 죄를 지었으므로 사망이 모든 사람에게 이르렀느니라

(1) 죄성을 제거할 수 없습니다.

(2) 죄를 범하지 않을 수 없습니다.

(3) 하나님을 기쁘시게 할 수 없습니다 (롬 8:8).

로마서 8장 8절

육신에 있는 자들은 하나님을 기쁘시게 할 수 없느니라

(4) 하나님과 원수가 됩니다 (롬 8:7).

로마서 8장 7절

육신의 생각은 하나님과 원수가 되나니 이는 하나님의 법에 굴복하지 아니할 뿐 아니라 할 수도 없음이라

(5) 몸은 수명을 다하여 죽게 됩니다.

3) 몸의 요구에 의해 조성되었습니다.

사탄의 생명을 통해 계시합니다 (요 8:43-44).

요한복음 8장 43-44절

43 어찌하여 내 말을 깨닫지 못하느냐 이는 내 말을 들을 줄 알지 못함이로다

44 너희는 너희 아비 마귀에게서 났으니 너희 아비의 욕심대로 너희도 행하고자 하느니라 그는 처음부터 살인한 자요 진리가 그 속에 없으므로 진리에 서지 못하고 거짓을 말할 때마다 제 것으로 말하나니 이는 그가 거짓말쟁이요 거짓의 아비가 되었음이라

43절에는, "너희는 내 말을 깨닫지 못한다. 들을 줄 모른다!"고 하십니다.

44절에는, "너희는 너희 아비 마귀에게서 났다!"고 하시고, 너희 아비가 행한 대로 행하고자 한다고 하십니다.

무엇을 행한다고 합니까?

욕심이 생기는 것도 누군가를 죽이고 싶은 마음도 작은 거짓말도 남을 속이는 것도 모두 진리가 없어서 행하게 되는 우리의 현실이고 증거입니다.

4) 죄와 사망의 법 아래 살게 됩니다 (롬 8:1-2).

로마서 8장 1-2절

1 그러므로 이제 그리스도 예수 안에 있는 자에게는 결코 정죄함이 없나니
2 이는 그리스도 예수 안에 있는 생명의 성령의 법이 죄와 사망의 법에서 너를 해방하였음이라

그래서 우리들의 행동, 언어, 비전, 성공, 실패, 우리의 삶 전체가 평가를 받게 되어 결국은 사망에 이르게 됩니다.

이런 세상을 하나님은 이미 심판하셨습니다 (요 3:17-18).

요한복음 3장 17-18절

17 하나님이 그 아들을 세상에 보내신 것은 세상을 심판하려 하심이 아
니요 그로 말미암아 세상이 구원을 받게 하려 하심이라
18 그를 믿는 자는 심판을 받지 아니하는 것이요 믿지 아니하는 자는 하나님의
독생자의 이름을 믿지 아니하므로 벌써 심판을 받은 것이니라

5) 사탄의 노예로 살고 있습니다.

눅 4:18을 통해 계시하는 것은 예수 그리스도를 보내서 포로된 자에게 자유를 눈먼 자에게 다시 보게 함을 전파하고 눌린 자를 자유롭게 한다고 말씀하십니다.

누가복음 4장 18절

주의 성령이 내게 임하셨으니 이는 가난한 자에게 복음을 전하게 하시려고 내게 기름을 부으시고 나를 보내사 포로 된 자에게 자유를, 눈먼 자에게 다시 보게 함을 전파하며 눌린 자를 자유롭게 하고

사실 우리는 세상에 모두 잡혀 있습니다.

물질이나 명예 또는 사람에게 자녀에게 눈에 보이고 생각할 수 있는 모든 것에 매일 수 있습니다.

절대로 벗어날 수 없습니다.

6) 거듭나지 않으면 이 운명에서 벗어날 수 없습니다.

그래서 요 3:3에서 놀라운 계시를 하십니다.

요한복음 3장 3절

예수께서 대답하여 이르시되 진실로 진실로 네게 이르노니 사람이 거듭나지 아니하면 하나님의 나라를 볼 수 없느니라

"사람이 거듭나지 아니하면 하나님 나라를 볼 수 없느니라" 사람들은 어디에서 왔다가 어디로 가는지 아는 사람이 없습니다.

사람의 운명을 자기 나름대로 말하기는 하지만 사실은 아닙니다.

우리를 만드신 하나님이 말씀하신 것만 사실입니다.

주님께서는 거듭나지 않으면 하나님 나라를 볼 수 없다고 말씀하십니다.

또 요 3:7에서는 "거듭나야 하겠다는 말을 놀랍게 여기지 말라!"라고 말씀하십니다.

이 말씀은 모든 사람들이 꼭 거듭나야만 자신의 운명을 바꿀 수 있다는 말씀입니다.

모든 사람들이 꼭 거듭나서 자신의 운명을 바꾸지 않으면 안되기 때문임을 주님은 아시고 거듭나게 하시려고 하기 때문입니다.

요한복음 3장 7절

내가 네게 거듭나야 하겠다 하는 말을 놀랍게 여기지 말라

4. 모든 사람은 옛사람으로서 죄를 안 지을 수 없고, 고쳐서 변화될 수 없으며, 근심과 염려도 떠날 수 없습니다.

1) 죄인으로 태어납니다 (롬 5:18).

로마서 5장 18절

그런즉 한 범죄로 많은 사람이 정죄에 이른 것같이 한 의로운 행위로 말미암아 많은 사람이 의롭다 하심을 받아 생명에 이르렀느니라

그러므로 죄를 짓는 것이고 죄 속에 살고 있습니다.

롬 3:23에서는 놀라운 계시를 하시는데 "모든 인간이 죄를 범하였으매 하나님의 영광에 이르지 못한다"고 하십니다.

로마서 3장 23절

23 모든 사람이 죄를 범하였으매 하나님의 영광에 이르지 못하더니

24절에서는 "예수 그리스도 안에 있는 속량으로 말미암아 하나님의 은혜로 의롭다 하심을 얻게 된다"고 계시하십니다.

로마서 3장 24절

그리스도 예수 안에 있는 속량으로 말미암아 하나님의 은혜로 값 없이 의롭다 하심을 얻은 자 되었느니라

어떤 사람이 그리고 어떤 종교가 이런 실제적인 계시를 할 수 있겠습니까?

2) 사람은 고쳐서 변화될 수 없습니다 (엡 4:22).

에베소서 4장 22절

너희는 유혹의 욕심을 따라 썩어져 가는 구습을 따르는 옛 사람을 벗어 버리고

사람은 고쳐서 변화시킬 수 없으므로 옛 사람을 벗어 버리고 24절에서는 "새 사람을 입으라"고 말씀하시는데,

에베소서 4장 24절

하나님을 따라 의와 진리의 거룩함으로 지으심을 받은 새 사람을 입으라

옛사람을 벗어 버리는 방법은 죽어야 하는 것을 말씀하시고,

새사람을 입을 수 있는 방법은 거듭나 성장해서 겉으로 새사람이 보여야 함을 말씀하고 있습니다.

3) 근심과 염려와 불안이 떠날 수 없습니다 (엡 4:31).

에베소서 4장 31절

너희는 모든 악독과 노함과 분냄과 떠드는 것과 비방하는 것을 모든 악의와 함께 버리고

옛사람에게 항상 있는 증상들입니다.

거듭나기 이전의 당신은 어떠했습니까?

4) 행복할 수 없습니다. 마 7:1-5을 읽어보세요.

마태복음 7장 1-5절

1 비판을 받지 아니하려거든 비판하지 말라

2 너희가 비판하는 그 비판으로 너희가 비판을 받을 것이요 너희가 헤아리는 그 헤아림으로 너희가 헤아림을 받을 것이니라

3 어찌하여 형제의 눈 속에 있는 티는 보고 네 눈 속에 있는 들보는 깨닫지 못하느냐
4 보라 네 눈 속에 들보가 있는데 어찌하여 형제에게 말하기를 나로 네 눈 속에 있는 티를 빼게 하라 하겠느냐
5 외식하는 자여 먼저 네 눈 속에서 들보를 빼어라 그 후에야 밝히 보고 형제의 눈 속에서 티를 빼리라

이런 마음 이런 시선이 있는 한 우리는 누구도 행복할 수 없습니다.

결론적으로,

옛사람 그 사람의 죄는 어떤 노력과 지식으로도 해결할 수 없으며 그 운명의 결론은 영원한 불못의 형벌을 받는 것입니다.

제4장

착각된 그리스도인이란?

제4장

착각된 그리스도인이란?

옛사람은 죽었습니다.
그런데도 다시 옛사람의 방법으로 살고 있습니다.

결과로는 내가 하나님의 뜻을 이루려고 말씀을 기준 삼아
열심히 훈련하고 개선하여 그리스도처럼 살려고 합니다.

매번 예배를 통해 정신차려라, 각오하라, 결단하라, 변화되라,
성장하라, 닮아가라 촉구하는 것이 현실입니다 (롬 6-8장).

1. 하나님께서 행하신 일

옛사람을 그리스도와 함께 십자가에 못 박아 죽이셨습니다 (롬 6:6 ; 6:4).

로마서 6장 6절

우리가 알거니와 우리의 옛 사람이 예수와 함께 십자가에 못 박힌 것은 죄의 몸이 죽어 다시는 우리가 죄에게 종 노릇 하지 아니하려 함이니

로마서 6장 4절

그러므로 우리가 그의 죽으심과 합하여 세례를 받음으로 그와 함께 장사되었나니 이는 아버지의 영광으로 말미암아 그리스도를 죽은 자 가운데서 살리심과 같이 우리로 또한 새 생명 가운데서 행하게 하려 함이라

1) 옛사람은 그리스도와 합하여 침례를 받아 장사 되었습니다. 완전히 끝내셨습니다.

그런데 옛사람도 있고 몸도 있는 이전의 사람에다 영이 구원받은 것으로 인식하고 있다면 착각된 그리스도인입니다.

2) 죽은 옛사람이 다시 살아난 셈입니다.

이것은 하나님께서 독생자 예수 그리스도를 죽이셔서 이루어 놓은 사실을 믿지 않았으므로 완전히 무효화시킨 결과가 됩니다.

3) 그러면서도 나는 예수 그리스도를 믿어 구원을 받았고,

하나님의 자녀로서 주님께서 주신 축복을 모두 받아 누릴 수 있다고 생각합니다.

또한 기도하면 주님께서 내 기도를 응답해 주신다고 생각합니다.

4) 내가 노력해서 하나님의 뜻을 이루려고 최선을 다합니다.

말씀을 기준 삼아 나쁜 습관이나 잘못된 성품과 성질 등을 개선하려고 훈련하여 그리스도처럼 살아서 그리스도의 형상을 닮아 거룩하게 되려고 합니다.

예를 들어서 각종 제자 훈련이나 영성 훈련 등이 이에 해당합니다.

5) 예배 때마다 최선을 다해 정신 차려서 선하게 살아라, 겸손해라, 온유해라, 성령의 열매를 맺어라, 섬겨라, 사랑해라 등등 가르쳐서 조금 개선된 모습이 보이면 성장했고, 거듭났다며 확실하게 구원받은 자라고 말하기도 합니다.

그런데 변화가 보이지 않는다면 거듭남까지 의심하고 하나님의 생명이 없으니 자라지 않는다고 정죄를 합니다.

만일 우리가 이런 신앙생활을 한다면 죄송하지만 착각된 그리스도인의 삶의 모습입니다!
그러므로 하나님의 말씀은 절대 이론이 아니고 실제입니다.

2. 착각된 그리스도인은 롬 6, 7, 8장을 통해 계시하십니다.

롬 6장에서 우리 그리스도인은?

1) 그리스도와 함께 십자가에 못 박혔고 (롬 6:6),

로마서 6장 6절

우리가 알거니와 우리의 옛 사람이 예수와 함께 십자가에 못 박힌 것은 죄의 몸이 죽어 다시는 우리가 죄에게 종 노릇 하지 아니하려 함이니

2) 장사 지낸 바 되었습니다 (롬 6:4).

로마서 6장 4절

그러므로 우리가 그의 죽으심과 합하여 세례를 받음으로 그와 함께 장사 되었나니 이는 아버지의 영광으로 말미암아 그리스도를 죽은 자 가운데서 살리심과 같이 우리로 또한 새 생명 가운데서 행하게 하려 함이라

3) 자신을 위해 살지 않고, 하나님을 위해 사는 자로 탄생하였습니다 (롬 6:10-11).

로마서 6장 10-11절

10 그가 죽으심은 죄에 대하여 단번에 죽으심이요 그가 살아 계심은 하나님께 대하여 살아 계심이니
11 이와 같이 너희도 너희 자신을 죄에 대하여는 죽은 자요 그리스도 예수 안에서 하나님께 대하여는 살아 있는 자로 여길지어다

고후 5:15에도 "다시는 자신을 위해 살지 말고 그리스도를 위해 살라"고 하셨으며 죄의 종으로 살지 말고 의의 종으로 살라고 하셨습니다 (롬 6:12-14).

이것은 하나님께서 예수 그리스도를 통해 이루어 놓으신 하나님의 뜻입니다.

로마서 6장 12-14절

12 그러므로 너희는 죄가 너희 죽을 몸을 지배하지 못하게 하여 몸의 사욕에 순종하지 말고
13 또한 너희 지체를 불의의 무기로 죄에게 내주지 말고 오직 너희 자신을 죽은 자 가운데서 다시 살아난 자같이 하나님께 드리며 너희 지체를 의의 무기로 하나님께 드리라
14 죄가 너희를 주장하지 못하리니 이는 너희가 법 아래에 있지 아니하고 은혜 아래에 있음이라

이러한 놀라운 하나님의 계획과 뜻을 어느 누구도 그 무엇도 조금도 수정하거나 삭제도 절대 할 수 없습니다.

롬 7장을 통해 놀라운 계시를 하십니다.

로마서 7장 1-25절

1 형제들아 내가 법 아는 자들에게 말하노니 너희는 그 법이 사람이 살
동안만 그를 주관하는 줄 알지 못하느냐
2 남편 있는 여인이 그 남편 생전에는 법으로 그에게 매인 바 되나 만일
그 남편이 죽으면 남편의 법에서 벗어나느니라
3 그러므로 만일 그 남편 생전에 다른 남자에게 가면 음녀라 그러나 만
일 남편이 죽으면 그 법에서 자유롭게 되나니 다른 남자에게 갈지라도
음녀가 되지 아니하느니라
4 그러므로 내 형제들아 너희도 그리스도의 몸으로 말미암아 율법에 대
하여 죽임을 당하였으니 이는 다른 이 곧 죽은 자 가운데서 살아나신
이에게 가서 우리가 하나님을 위하여 열매를 맺게 하려 함이라
5 우리가 육신에 있을 때에는 율법으로 말미암는 죄의 정욕이 우리 지체
중에 역사하여 우리로 사망을 위하여 열매를 맺게 하였더니
6 이제는 우리가 얽매였던 것에 대하여 죽었으므로 율법에서 벗어났으니
이러므로 우리가 영의 새로운 것으로 섬길 것이요 율법 조문의 묵은
것으로 아니할지니라

7 그런즉 우리가 무슨 말을 하리요 율법이 죄냐 그럴 수 없느니라 율법
으로 말미암지 않고는 내가 죄를 알지 못하였으니 곧 율법이 탐내지 말라
하지 아니하였더라면 내가 탐심을 알지 못하였으리라
8 그러나 죄가 기회를 타서 계명으로 말미암아 내 속에서 온갖 탐심을
이루었나니 이는 율법이 없으면 죄가 죽은 것임이라
9 전에 율법을 깨닫지 못했을 때에는 내가 살았더니 계명이 이르매 죄는
살아나고 나는 죽었도다
10 생명에 이르게 할 그 계명이 내게 대하여 도리어 사망에 이르게 하는
것이 되었도다
11 죄가 기회를 타서 계명으로 말미암아 나를 속이고 그것으로 나를 죽였
는지라
12 이로 보건대 율법은 거룩하고 계명도 거룩하고 의로우며 선하도다
13 그런즉 선한 것이 내게 사망이 되었느냐 그럴 수 없느니라 오직 죄가
죄로 드러나기 위하여 선한 그것으로 말미암아 나를 죽게 만들었으니
이는 계명으로 말미암아 죄로 심히 죄 되게 하려 함이라
14 우리가 율법은 신령한 줄 알거니와 나는 육신에 속하여 죄 아래에 팔
렸도다
15 내가 행하는 것을 내가 알지 못하노니 곧 내가 원하는 것은 행하지 아
니하고 도리어 미워하는 것을 행함이라
16 만일 내가 원하지 아니하는 그것을 행하면 내가 이로써 율법이 선한
것을 시인하노니
17 이제는 그것을 행하는 자가 내가 아니요 내 속에 거하는 죄니라

18 내 속 곧 내 육신에 선한 것이 거하지 아니하는 줄을 아노니 원함은 내게
있으나 선을 행하는 것은 없노라
19 내가 원하는 바 선은 행하지 아니하고 도리어 원하지 아니하는 바 악을
행하는도다
20 만일 내가 원하지 아니하는 그것을 하면 이를 행하는 자는 내가 아니요
내 속에 거하는 죄니라
21 그러므로 내가 한 법을 깨달았노니 곧 선을 행하기 원하는 나에게 악이
함께 있는 것이로다
22 내 속사람으로는 하나님의 법을 즐거워하되
23 내 지체 속에서 한 다른 법이 내 마음의 법과 싸워 내 지체 속에 있는
죄의 법으로 나를 사로잡는 것을 보는도다
24 오호라 나는 곤고한 사람이로다 이 사망의 몸에서 누가 나를 건져내랴
25 우리 주 예수 그리스도로 말미암아 하나님께 감사하리로다 그런즉 내 자신이
마음으로는 하나님의 법을 육신으로는 죄의 법을 섬기노라

1-4절에서 "너희가 그리스도의 몸으로 말미암아 율법에 대하여 죽임을 당하였으니" (옛사람) "이는 부활하신 그리스도를 통해 우리로 하나님을 위하여 열매를 맺게 하려 함이라"고 말씀하셨습니다.

6절에서는 이제는 얽매였던 율법에서 벗어났습니다.
영의 새로운 것으로 섬길 것입니다.

7-10절에서는 율법의 필요성과 옛사람이 지키지 못하여 오히려 사망에 이르게 되었음을 말씀하고 있습니다.

11-15절에서는 “율법은 우리 몸 안에 있는 죄로 심히 죄 되게 하려 함이라”라고 말씀하십니다.

16-19절에서는 내가 원하는 것은 하나님이 원하시는 율법을 지키려고 하는 것입니다.

그러나 내가 원하는 것을 하려고 하면 내 안에 죄가 행하여 도리어 악을 행하곤 한다는 것입니다.

22-24절에서는 속 사람은 하나님의 법을 원하지만 몸 안에는 또 다른 죄의 법이 있어 싸우지만 결국 죄의 법 아래로 사로잡힙니다.

그러므로 옛사람의 삶의 방법으로 우리가 하나님의 말씀을 이루려고 노력한다면 절대 이룰 수 없다는 것을 자세하게 설명해 주고 계십니다.

그의 결과는 곤고한 삶을 살게 되는 것입니다 (24절).

그런데 우리의 신앙생활의 현주소가 롬 7장이라면?

(1) 하나님과의 관계는? 원수 관계입니다 (롬 8:5-8).

로마서 8장 5-8절

5 육신을 따르는 자는 육신의 일을, 영을 따르는 자는 영의 일을 생각하나니
6 육신의 생각은 사망이요 영의 생각은 생명과 평안이니라
7 육신의 생각은 하나님과 원수가 되나니 이는 하나님의 법에 굴복하지
아니할 뿐 아니라 할 수도 없음이라
8 육신에 있는 자들은 하나님을 기쁘시게 할 수 없느니라

(2) 옛사람이 열심히 하나님 말씀을 지켜보려고 순종하고 애쓰며 수고하고 있다면 확실하게 헛된 수고라고 말할 수 있습니다.

(3) 잘못된 습관이나 성품을 고쳐서 의롭게 되려고 하십니까?

롬 3:20과 갈 2:16을 묵상해 보십시오.

로마서 3장 20절

그러므로 율법의 행위로 그의 앞에 의롭다 하심을 얻을 육체가 없나니
율법으로는 죄를 깨달음이니라

갈라디아서 2장 16절

사람이 의롭게 되는 것은 율법의 행위로 말미암음이 아니요 오직 예수 그리스도를 믿음으로 말미암는 줄 알므로 우리도 그리스도 예수를 믿나니 이는 우리가 율법의 행위로써가 아니고 그리스도를 믿음으로써 의롭다 함을 얻으려 함이라 율법의 행위로써는 의롭다함을 얻을 육체가 없느니라

롬 8장에서는 "너희는 이런 존재이니 이렇게 살아라"고 하십니다.

8장을 통해 놀랍고 엄청난 것을 계시해 주십니다.

로마서 8장 1-39절

1 그러므로 이제 그리스도 예수 안에 있는 자에게는 결코 정죄함이 없나니
2 이는 그리스도 예수 안에 있는 생명의 성령의 법이 죄와 사망의 법에서 너를 해방하였음이라
3 율법이 육신으로 말미암아 연약하여 할 수 없는 그것을 하나님은 하시나니 곧 죄로 말미암아 자기 아들을 죄 있는 육신의 모양으로 보내어 육신에 죄를 정하사
4 육신을 따르지 않고 그 영을 따라 행하는 우리에게 율법의 요구가 이루어지게 하려 하심이니라
5 육신을 따르는 자는 육신의 일을, 영을 따르는 자는 영의 일을 생각하나니
6 육신의 생각은 사망이요 영의 생각은 생명과 평안이니라

7 육신의 생각은 하나님과 원수가 되나니 이는 하나님의 법에 굴복하지
아니할 뿐 아니라 할 수도 없음이라
8 육신에 있는 자들은 하나님을 기쁘시게 할 수 없느니라
9 만일 너희 속에 하나님의 영이 거하시면 너희가 육신에 있지 아니하고
영에 있나니 누구든지 그리스도의 영이 없으면 그리스도의 사람이 아니라
10 또 그리스도께서 너희 안에 계시면 몸은 죄로 말미암아 죽은 것이나
영은 의로 말미암아 살아 있는 것이니라
11 예수를 죽은 자 가운데서 살리신 이의 영이 너희 안에 거하시면 그리
스도 예수를 죽은 자 가운데서 살리신 이가 너희 안에 거하시는 그의
영으로 말미암아 너희 죽을 몸도 살리시리라
12 그러므로 형제들아 우리가 빚진 자로되 육신에게 져서 육신대로 살 것이
아니니라
13 너희가 육신대로 살면 반드시 죽을 것이로되 영으로써 몸의 행실을 죽
이면 살리니
14 무릇 하나님의 영으로 인도함을 받는 사람은 곧 하나님의 아들이라
15 너희는 다시 무서워하는 종의 영을 받지 아니하고 양자의 영을 받았으
므로 우리가 아빠 아버지라고 부르짖느니라
16 성령이 친히 우리의 영과 더불어 우리가 하나님의 자녀인 것을 증언하
시나니
17 자녀이면 또한 상속자 곧 하나님의 상속자요 그리스도와 함께 한 상속자니
우리가 그와 함께 영광을 받기 위하여 고난도 함께 받아야 할 것이니라
18 생각하건대 현재의 고난은 장차 우리에게 나타날 영광과 비교할 수 없도다
19 피조물이 고대하는 바는 하나님의 아들들이 나타나는 것이니

20 피조물이 허무한 데 굴복하는 것은 자기 뜻이 아니요 오직 굴복하게
하시는 이로 말미암음이라
21 그 바라는 것은 피조물도 썩어짐의 종노릇한 데서 해방되어 하나님의
자녀들의 영광의 자유에 이르는 것이니라
22 피조물이 다 이제까지 함께 탄식하며 함께 고통을 겪고 있는 것을 우리가
아느니라
23 그뿐 아니라 또한 우리 곧 성령의 처음 익은 열매를 받은 우리까지도
속으로 탄식하여 양자 될 것 곧 우리 몸의 속량을 기다리느니라
24 우리가 소망으로 구원을 얻었으매 보이는 소망이 소망이 아니니 보는
것을 누가 바라리요
25 만일 우리가 보지 못하는 것을 바라면 참음으로 기다릴지니라
26 이와 같이 성령도 우리의 연약함을 도우시나니 우리는 마땅히 기도할
바를 알지 못하나 오직 성령이 말할 수 없는 탄식으로 우리를 위하여
친히 간구하시느니라
27 마음을 살피시는 이가 성령의 생각을 아시나니 이는 성령이 하나님의
뜻대로 성도를 위하여 간구하심이니라
28 우리가 알거니와 하나님을 사랑하는 자 곧 그의 뜻대로 부르심을 입은
자들에게는 모든 것이 합력하여 선을 이루느니라
29 하나님이 미리 아신 자들을 또한 그 아들의 형상을 본받게 하기 위하여 미리
정하셨으니 이는 그로 많은 형제 중에서 맏아들이 되게 하려 하심이니라
30 또 미리 정하신 그들을 또한 부르시고 부르신 그들을 또한 의롭다 하
시고 의롭다 하신 그들을 또한 영화롭게 하셨느니라
31 그런즉 이 일에 대하여 우리가 무슨 말 하리요 만일 하나님이 우리를

위하시면 누가 우리를 대적하리요
32 자기 아들을 아끼지 아니하시고 우리 모든 사람을 위하여 내주신 이가
어찌 그 아들과 함께 모든 것을 우리에게 주시지 아니하겠느냐
33 누가 능히 하나님께서 택하신 자들을 고발하리요 의롭다 하신 이는 하
나님이시니
34 누가 정죄하리요 죽으실 뿐 아니라 다시 살아나신 이는 그리스도 예수
시니 그는 하나님 우편에 계신 자요 우리를 위하여 간구하시는 자시니라
35 누가 우리를 그리스도의 사랑에서 끊으리요 환난이나 곤고나 박해나
기근이나 적신이나 위험이나 칼이랴
36 기록된 바 우리가 종일 주를 위하여 죽임을 당하게 되며 도살 당할 양
같이 여김을 받았나이다 함과 같으니라
37 그러나 이 모든 일에 우리를 사랑하시는 이로 말미암아 우리가 넉넉히
이기느니라
38 내가 확신하노니 사망이나 생명이나 천사들이나 권세자들이나 현재
일이나 장래 일이나 능력이나
39 높음이나 깊음이나 다른 어떤 피조물이라도 우리를 우리 주 그리스도 예수
안에 있는 하나님의 사랑에서 끊을 수 없으리라

정말 소망과 복된 복음입니다.

1-2절에서는, "예수 그리스도 안에 있는 자 새사람은 결코 정죄함이 없다"고 말씀하십니다.

할렐루야!

어떻게 이런 일이… 그렇게 말씀대로 살아보려고 하다가도 뒤돌아보면 정죄감에 사로 잡히기 일쑤인데 저는 시간을 많이 두고 묵상해 보았습니다.

기쁜데, 아멘인데 왜 그렇지?

진리의 말씀은 사실인데 왜 내 현실과는 맞지 않는지 무엇이 잘못되었는지 물론 2절에서는 분명히 "그리스도 안에 있는 생명의 성령의 법이 죄와 사망의 법에서 너를 해방했다"라고 하십니다.

할렐루야!

놀라운 일이 생겼습니다.

거듭난 우리 새사람들은 그리스도 안에 있는 생명의 성령의 법 아래 있게 되었습니다.

분명한 것은 이제부터 죄와 사망의 법에서 해방되었으므로 사망의 권세가 우리를 어떤 경우에도 다스릴 수 없다는 것입니다.

우리는 이 사실을 확실히 믿고 알아서 누려야 합니다.

그런데 나는 새사람의 탄생에 대해 실제적으로 몰랐을 때는 이 말씀이 이해되지 않았고 그렇게 맛이 생기지 않았습니다.

새사람의 존재에 대해 성령님의 가르침을 받고 나서는 너무

나도 확실하게 "그래요 절대로 정죄받을 수 없겠네요."라고 말할 수 있게 되었습니다.

나는 생명의 성령의 법 아래 있는 것이 얼마나 힘이 되고, 능력이 되고 자랑이 되는지 모릅니다.

세상에 어떤 피조물이 이런 엄청난 은혜를 누릴 수 있겠습니까?

그런데 하나님은 더 크고 놀라운 비밀을 계시해 주십니다.

3절에서, "율법"은 사람이 하나님의 말씀을 모두 항상 지켜 의롭게 되는 법이며,

"육신으로 말미암아"는 사람이 아무리 결단하고 노력해도 하나님의 수준의 말씀을 지킬 수 없음을 의미합니다.

율법으로는 지켜서 의롭게 될 수 없는 것을 하나님께서 자기 아들을 죄 있는 인간의 모양으로 보내어 육신에 죄를 정하여 죽이시고 부활하게 하셔서 이제 육신을 따르지 않게 하셨습니다.

4절에서, 그를 믿는 자 새사람이 이제 육신을 따르지 않고 영을 따라 행하도록 정하셔서 율법의 요구가 이루어지게 하셨습니다.

와! 이런 말씀이 여기 있었네요.

율법의 요구를 이룰 수 있다니요. 어떻게 사람이 하나님의 수

준에 말씀을 지킬 수 있다는 말인가!

와! 하나님께서 확실한 방법을 주셨네요.

그것도 자세히 여러 곳에서 설명해 주시네요.

저는 그날 밤에 흥분이 되어서 잠을 도저히 잘 수가 없었습니다.

영을 따라 살면 되는구나!

영을 따라 살도록 새사람을 지으셨구나!

조금씩 이해가 되고 성령께서 확신과 함께 계속 말씀을 열어 주셨습니다.

그전에도 물론 성령 따라 살아야 한다는 것을 알고 있었지만, 실제로 아는 것이 아니었습니다.

그런 말씀이 구슬 꿰어지듯이 주님께서 계속 말씀해 주셔서 잠을 잘 수가 없었고 벅차며 기뻐 감격스러움에 소리쳐 외치고 싶어서 도저히 주체할 수 없었습니다.

지금 생각만 해도 율법의 요구를 이룰 수 있다는 것은 상상할 수도 없고 말할 수 없는 일인데 영을 따라 살기만 하면 된다니요.

그리고 그리스도의 영, 하나님의 영, 성령 곧 삼위일체 하나님이 내 안에 계시다니 (요 14:23),

요한복음 14장 23절

예수께서 대답하여 이르시되 사람이 나를 사랑하면 내 말을 지키리니 내 아버지께서 그를 사랑하실 것이요 우리가 그에게 가서 거처를 그와 함께 하리라

할렐루야!

이것을 모두 이루신 주님을 찬양합니다!

5절 이하에는 계속 영을 따라 사는 것과 육신을 따라 사는 것을 구분해서 계시해 주십니다.

새사람의 존재와 상태 실제 삶의 경우와 하나님과의 관계 그리고 앞날에 대해 여러 가지를 계시해 주시는 엄청난 8장입니다.

롬 8장은 생명의 성령의 법으로 살지 않으면 착각된 그리스도인의 삶을 살 수 있다고 말씀하고 계십니다.

3. 구원받은 그리스도인이 여전히 옛사람으로 살고 있습니다.

옛사람은,

1) 지식과 경험, 전통, 습관, 도덕, 윤리, 선함, 유행, 세상 풍습을 따라 삽니다 (엡 2:2-3).

에베소서 2장 2-3절

2 그때에 너희는 그 가운데서 행하여 이 세상 풍조를 따르고 공중의 권세
잡은 자를 따랐으니 곧 지금 불순종의 아들들 가운데서 역사하는 영이라
3 전에는 우리도 다 그 가운데서 우리 육체의 욕심을 따라 지내며 육체와 마
음의 원하는 것을 하여 다른 이들과 같이 본질상 진노의 자녀이었더니

2) 육신의 생각으로 선한 것을 추구하며 삽니다 (롬 8:5-6).

로마서 8장 5-6절

5 육신을 따르는 자는 육신의 일을, 영을 따르는 자는 영의 일을 생각하
나니
6 육신의 생각은 사망이요 영의 생각은 생명과 평안이니라

3) 자신을 위해 살고, 자기 옳은 소견대로 삽니다 (사 53:6, 삿 21:25).

이사야 53장 6절

우리는 다 양 같아서 그릇 행하여 각기 제 길로 갔거늘 여호와께서는 우리
모두의 죄악을 그에게 담당시키셨도다

사사기 21장 25절

그때에 이스라엘에 왕이 없으므로 사람이 각기 자기의 소견에 옳은 대로 행
하였더라

4) 사람의 일을 생각하고 삽니다 (마 16:21-23).

마태복음 16장 21-23절

21 이때로부터 예수 그리스도께서 자기가 예루살렘에 올라가 장로들과
대제사장들과 서기관들에게 많은 고난을 받고 죽임을 당하고 제삼일
에 살아나야 할 것을 제자들에게 비로소 나타내시니
22 베드로가 예수를 붙들고 항변하여 이르되 주여 그리 마옵소서 이 일이
결코 주께 미치지 아니하리이다

23 예수께서 돌이키시며 베드로에게 이르시되 사탄아 내 뒤로 물러 가라 너는
나를 넘어지게 하는 자로다 네가 하나님의 일을 생각하지 아니하고 도
리어 사람의 일을 생각하는도다 하시고

새사람은,

(1) 성령께 묻고, 순종함으로 영의 생각으로 삽니다 (롬 8:4-7).

로마서 8장 4-7절

4 육신을 따르지 않고 그 영을 따라 행하는 우리에게 율법의 요구가 이
루어지게 하려 하심이니라
5 육신을 따르는 자는 육신의 일을, 영을 따르는 자는 영의 일을 생각하
나니
6 육신의 생각은 사망이요 영의 생각은 생명과 평안이니라
7 육신의 생각은 하나님과 원수가 되나니 이는 하나님의 법에 굴복하지 아
니할 뿐 아니라 할 수도 없음이라

(2) 자기 영 안에 계신 그리스도께 물어 그리스도가 사시도록 삽니다 (갈 2:20).

갈라디아서 2장 20절

내가 그리스도와 함께 십자가에 못 박혔나니 그런즉 이제는 내가 사는 것이 아니요 오직 내 안에 그리스도께서 사시는 것이라 이제 내가 육체 가운데 사는 것은 나를 사랑하사 나를 위하여 자기 자신을 버리신 하나님의 아들을 믿는 믿음 안에서 사는 것이라

(3) 영의 인도함을 받고 삽니다 (롬 8:4).

로마서 8장 4절

육신을 따르지 않고 그 영을 따라 행하는 우리에게 율법의 요구가 이루어지게 하려 하심이니라

하나님의 자녀가 사는 방법이다.

(4) 전적으로 주님만을 위해 삽니다. 그러므로 자신을 위한 삶은 없습니다 (롬 6:10-11).

롬 6:10-11절

10 그가 죽으심은 죄에 대하여 단번에 죽으심이요 그가 살아 계심은 하
나님께 대하여 살아 계심이니

11 이와 같이 너희도 너희 자신을 죄에 대하여는 죽은 자요 그리스도 예수 안
에서 하나님께 대하여는 살아 있는 자로 여길지어다

성도님 지금까지 어떻게 살아오셨습니까?

"그래 알았어!" 라고 적당히 지나가시면 절대 안됩니다.

성경을 보면서 정말 그러한가를 거쳐 확신하시고, 담대하게 롬 8장의 삶을 시작하십시오.

제5장

거듭난 새사람은 어떤 존재인가?

제5장
거듭난 새사람은 어떤 존재인가?

1. 새사람의 구성원은?

하나님의 생명을 가졌고 그리스도와 연합된 자이며 그리스도의 거룩, 지혜, 의, 구속을 가진 존재로 그리스도의 것이 됩니다.

1) 요일 5:11-13 에서는 주님께서 우리 안에 들어 오실 때 자신의 생명인 하나님의 생명 곧 영생을 가져오셨고, 그 생명으로 우리를 낳으셨습니다.

요한일서 5장 11-13절

11 또 증거는 이것이니 하나님이 우리에게 영생을 주신 것과 이 생명이
그의 아들 안에 있는 그것이니라

12 아들이 있는 자에게는 생명이 있고 하나님의 아들이 없는 자에게는 생명이 없느니라
13 내가 하나님의 아들의 이름을 믿는 너희에게 이것을 쓰는 것은 너희로 하여금 너희에게 영생이 있음을 알게 하려 함이라

할렐루야!

주님을 영접한 당신은 정말로 이 엄청난 영생을 가졌고, 영원히 죽지 않으며 멸망하지 않습니다 (요 10:28).

요한복음 10장 28절

내가 그들에게 영생을 주노니 영원히 멸망하지 아니할 것이요 또 그들을 내 손에서 빼앗을 자가 없느니라

얼마나 놀라운 존재가 되었습니까?

2) 그리스도와 연합된 자입니다.

고전 6:17에서는 주와 합한 자는 한 영이라고 말씀하셨습니다.

고린도전서 6장 17절

주와 합하는 자는 한 영이니라

골 3:3 너희는 죽었고 너희 생명이 그리스도와 함께 하나님 안에 감추어졌다고 말씀하십니다.

골로새서 3장 3절

이는 너희가 죽었고 너희 생명이 그리스도와 함께 하나님 안에 감추어졌음이라

주님과 우리가 연합되어 한 운명이 되었다는 사실입니다.

주님과 내가 한 운명이 되었다니 얼마나 기이하고 놀랍습니까?

3) 고전 1:30을 통해 엄청난 눈을 열어 주십니다.

고린도전서 1장 30절

너희는 하나님으로부터 나서 그리스도 예수 안에 있고 예수는 하나님으로부터 나와서 우리에게 지혜와 의로움과 거룩함과 구원함이 되셨으니

이미 알고 있는 것처럼, 새사람은 하나님으로부터 나서 그리스도 예수 안에 있습니다.

예수님은 하나님으로부터 나와서 우리에게 지혜와 의로움과 거룩함과 구속함이 되셨다고 말씀하십니다.

이 말씀은 나로 말미암아 모든 무거운 짐을 내려놓게 하고, 착각된 나의 신앙생활을 바로 잡는 계기가 되었습니다.

왜냐하면 나는 말씀을 더 많이 잘 알아서 주님처럼 거룩하게 되려 하고 의롭게 되는 것이 목표였고 주님의 지혜를 얻으려고 노력하였습니다.

그러나 주님과 연합하였으므로 주님의 거룩이 나의 거룩이 되고 주님의 의도 주님의 지혜도 나의 지혜가 되었다는 사실을 그대로 믿고 받아들이니까 내가 갑자기 엄청난 존재가 된 것 같았습니다.

세상에 이럴 수가 있을까?

그럼 어떻게 하면 내게 실체화 될 수 있을까요? 물었습니다.

"너는 내게 물어서 내가 말한 대로만 하면 된다. 그럼 너의 말과 행동 가운데 내 의가 나타나게 되고 내 지혜가 보이게 되며 나의 의로움이 너에게서 보이게 된다." 라고 말씀하셨습니다.

할렐루야!

그럼 저는 주님께 물어서 순종만 하면 되겠네요.

여러분도 마찬가지입니다.

대단한 분들입니다.

2. 새사람의 살아가야 할 위치(존재 자체)는?

나는 죽고 그리스도가 사시며 그리스도를 믿는 믿음으로 삽니다. 오직 그리스도의 몸의 지체로만 삽니다.

1) 나는 죽고 예수님이 대신 사십니다.

갈 2:20이 마치 시금석과 같은 말씀입니다.

이제는 내가 사는 것이 아니요 그리스도가 사십니다!

누가 이 일을 하라고 해서 했느냐? 그리스도냐? 나냐?

이렇게 실제로 내 안에 그리스도가 사심을 믿고 그대로 시인하며 보십시오.

점점 믿음의 눈이 열리게 되어 실체를 보게 될 것입니다.

2) 그리스도를 믿는 믿음 안에서만 삽니다 (갈 2:20).

갈라디아서 2장 20절

내가 그리스도와 함께 십자가에 못 박혔나니 그런즉 이제는 내가 사는 것이 아니요 오직 내 안에 그리스도께서 사시는 것이라 이제 내가 육체 가운데 사는 것은 나를 사랑하사 나를 위하여 자기 자신을 버리신 하나님의 아들을 믿는 믿음 안에서 사는 것이라

이 말씀의 의미는 새사람인 내가 육체 가운데 드러나는 것은 주께서 말씀하시면 어떤 것도 제한을 받지 않고 그대로 순종했을 때에 주님께서 나를 통해 일하십니다!

이때 다른 사람은 내가 한 것으로 봅니다.

이렇게 새사람인 내가 드러나게 됩니다.

3) 그리스도의 몸의 지체로서만 삽니다.

고전 12:27을 통해 확실하게 계시하십니다.

고린도전서 12장 27절

너희는 그리스도의 몸이요 지체의 각 부분이라

교회가 그리스도의 몸이고 성도 한 사람 한 사람은 그리스도의 몸의 각 지체라고 하십니다. 우리는 교회를 떠나서 존재할 수 없고 그리스도의 몸의 일부로서 살아가야 합니다.

어떠한 일이 있어도 그리스도의 몸을 떠나서 살 수 없습니다.

이것을 요 15:1-5에서도 그리스도 안에서 그리스도에게 붙어 있어야 하며 그리스도를 포도나무로, 우리를 포도나무의 가지로 비유하셔서 우리의 위치를 확증시켜 주셨습니다.

요한복음 15장 1-5절

1 나는 참포도나무요 내 아버지는 농부라

2 무릇 내게 붙어 있어 열매를 맺지 아니하는 가지는 아버지께서 그것을 제거해 버리시고 무릇 열매를 맺는 가지는 더 열매를 맺게 하려 하여 그것을 깨끗하게 하시느니라

3 너희는 내가 일러준 말로 이미 깨끗하여졌으니

4 내 안에 거하라 나도 너희 안에 거하리라 가지가 포도나무에 붙어 있지 아니하면 스스로 열매를 맺을 수 없음같이 너희도 내 안에 있지 아니하면 그러하리라

5 나는 포도나무요 너희는 가지라 그가 내 안에, 내가 그 안에 거하면 사람이 열매를 많이 맺나니 나를 떠나서는 너희가 아무것도 할 수 없음이라

4) 나는 그리스도의 것입니다.

고전 6:19-20을 통해 새사람의 존재를 근본적으로 계시해 주십니다.

고린도전서 6장 19-20절

19 너희 몸은 너희가 하나님께로부터 받은 바 너희 가운데 계신 성령의
전인 줄을 알지 못하느냐 너희는 너희 자신의 것이 아니라
20 값으로 산 것이 되었으니 그런즉 너희 몸으로 하나님께 영광을 돌리라

주님은 우리에게 "너희 몸까지도 너희 것이 아니다! 값 주고 산 것이 되었다!"라고 하십니다.

그런데 우리는 지금까지도 내 몸과 혼과 영도 모두 내 것으로 생각해왔으며 모두 발전 성장시키기 위해 노력해 왔습니다.

그리고 모든 것을 내 것으로 삼고 완벽한 나를 만들기 위해 지금까지 왔는데 이제 주님은 "네 것이 아무것도 없고 모두 너와 네게 속한 모든 것은 내 것이다." 라고 말씀하시니 전혀 실감이 나지 않습니다.

그래서 묵상을 많이 해 본 결과 내 것을 내가 노력해서 만들어 세우고 채우며 그 결과를 책임지는 것이 쉽고 편하며 행복할까요?

아니면 이제부터 내 것은 모두 주님의 것이고 주님께서 친히 이루시며 운행하셔서 끝까지 책임지시고 나는 주님이 주신 대

로 그때 그때 사는 것이 쉽고 편하며 행복할까요?

나는 이제 주님의 것임을 시인하고 내 것이 아무것도 없으며 주님이 허락하신 것만 누리기로 결정하니 참 자유와 평안이 넘쳐납니다.

5) 죄를 지을 수 없습니다.

요일 3:19은 놀라운 말씀을 하십니다.

요한일서 3장 19절

이로써 우리가 진리에 속한 줄을 알고 또 우리 마음을 주 앞에서 굳세게 하리니

사람이 죄를 지을 수 없다?

들어 본 적도 상상도 해 볼 수 없는 말입니다.

그러나 새사람은 하나님의 씨로(생명) 낳았기 때문에 죄를 지을 수 없는 사람입니다.

언제나 죄를 지을 수 없는 존재가 새사람입니다.

우리는 적어도 이 다섯 가지 중 어느 것도 떠나서 생각할 수 없는 놀라운 새사람으로 태어났습니다.

3. 새사람의 사는 방법은?

생명의 성령의 법으로 그리스도를 삽니다.
그리스도께서 나를 통해서 대신하여 사십니다.
모든 것을 공급받으며 그리스도의 종으로 삽니다.

1) 그리스도를 삽니다.

요 14:9-12은 우리에게 어떻게 살아야 하는가에 대해 갈등하지 않도록 확실하고 명확하게 계시해 주셨습니다.

요한복음 14장 9-12절

9 예수께서 이르시되 빌립아 내가 이렇게 오래 너희와 함께 있으되 네가 나를 알지 못하느냐 나를 본 자는 아버지를 보았거늘 어찌하여 아버지를 보이라 하느냐

10 내가 아버지 안에 거하고 아버지는 내 안에 계신 것을 네가 믿지 아니하느냐 내가 너희에게 이르는 말은 스스로 하는 것이 아니라 아버지께서 내 안에 계셔서 그의 일을 하시는 것이라

11 내가 아버지 안에 거하고 아버지께서 내 안에 계심을 믿으라 그렇지 못하겠거든 행하는 그 일로 말미암아 나를 믿으라

12 내가 진실로 진실로 너희에게 이르노니 나를 믿는 자는 내가 하는 일을 그도 할 것이요 또한 그보다 큰 일도 하리니 이는 내가 아버지께로 감이라

이 엄청난 사실을 함께 볼 수 있었으면 좋겠습니다.

주님은 이 땅에 계실 때 이렇게 사셨다고 말씀하십니다.

" 나를 본 자는 아버지를 보았다."

그 이유는 10절에 "내가 아버지 안에 거하고 아버지는 내 안에 계셔서 내가 너희에게 이르는 모든 말은 스스로 한 것이 아니라 아버지께서 내 안에 계셔서 아버지의 일을 하신 것"이라고 말씀하십니다.

요 5:19-20에는 "나는 아버지께서 하시는 일을 보지 않고는 아무것도 스스로 할 수 없나니 아버지께서 행하시는 그것을 아들도 그와 같이 행하느니라"

요한복음 5장 19-20절

19 그러므로 예수께서 그들에게 이르시되 내가 진실로 진실로 너희에게
이르노니 아들이 아버지께서 하시는 일을 보지 않고는 아무것도 스스로
할 수 없나니 아버지께서 행하시는 그것을 아들도 그와 같이 행하느니라
20 아버지께서 아들을 사랑하사 자기가 행하시는 것을 다 아들에게 보이시고
또 그보다 더 큰 일을 보이사 너희로 놀랍게 여기게 하시리라

이 말씀은 예수님의 생애는 자신의 어떠함을 살지 않고 하나

님의 어떠하심만을 살았다는 말씀이며 이것은 예수님이 하나님을 사신 생애였다고 말할 수 있습니다.

왜 그렇게 하셨을까요? 이것은

(1) 하나님 아버지의 정하심이요

(2) 요 12:49-50에서 이유를 계시하시는데 아버지의 명령이 영생인 줄 알았으므로 그대로 순종했다고 하셨습니다.

요한복음 12장 49-50절

49 내가 내 자의로 말한 것이 아니요 나를 보내신 아버지께서 내가 말할 것과 이를 것을친히 명령하여 주셨으니

50 나는 그의 명령이 영생인 줄 아노라 그러므로 내가 이르는 것은 내 아버지께서 내게 말씀하신 그대로니라 하시니라

요 14:12-14에 눈이 꼭 열리셔야 합니다.

요한복음 14장 12-14절

12 내가 진실로 진실로 너희에게 이르노니 나를 믿는 자는 내가 하는 일을 그도 할 것이요

13 또한 그보다 큰 일도 하리니 이는 내가 아버지께로 감이라 너희가 내
이름으로 무엇을 구하든지 내가 행하리니 이는 아버지로 하여금 아들로
말미암아 영광을 받으시게 하려 함이라
14 내 이름으로 무엇이든지 내게 구하면 내가 행하리라

12절 "내가 진실로 진실로 너희에게 이르노니"는, 하나님이신 예수님께서 우리에게 진실로를 두 번이나 말씀하시면서 정말로 꼭 어떤 일이 있어도 이 말을 알아들어야 한다는 뜻으로 부탁한 말씀입니다.

"나를 믿는 자"는 구원받은 새사람이며 "내가 하는 일을 그도 할 것이요" 라고 하셨는데 주님께서 하신 일은 어떤 것일까요?

내 안에 계신 아버지께서 보여주시고 말씀해 주시는 것만 행하는 일 즉 하나님의 뜻을 나타내는 일을 말씀하신 것입니다.

너희도 나처럼 너희 안에 있는 내 말을 듣고, 보여주고, 생각나게 하는 것만 살게 될 것을 계시하신 것입니다.

13절에는 실제적이며 구체적으로 말씀하십니다.

너희가

① "내 이름으로"란?

예수님께서 이렇게 하라고 하셨습니다! 라고 말하는 것을 표현한 것입니다.

② "무엇을 구하든지"는

내가 말한 대로만 구하면

③ "내가 행하리니"는

주님께서 우리를 통해 이루신다는 말씀입니다.

④ "이는 아버지로 하여금 자녀로 말미암아 영광을 받으시게 하려 함이라"고 하셨는데

왜 이렇게 하면 아버지께서 영광을 받으시게 될까요?

아버지가 → 나에게 말씀해 주신 것을 → 내가 너에게 그대로 말해서 네가 그대로 순종하면 아버지의 뜻이 너를 통해 그대로 이루어질테니까.

다른 사람들은 하나님의 어떠하심이 나를 통해서 나타나는 것을 보게 되기 때문입니다.

영광이란?

다른 사람이 알 수 있도록 하나님의 어떠하심이 나타나는 것을 말합니다.

예) 하나님의 역사, 능력 행함, 하나님께서 행하심… 등등.

나타난 것을 14절은 말씀하신 것을 한마디로 정리해 주십니다.

"내가 너에게 말한 것을 그대로 무엇이든지 내게 구하면 내가 행하겠다. 이것이 너희의 살아가는 방법이다!" 라고 주님은 내게 말씀해 주셨습니다.

할렐루야!

나는 개인적으로 이 사실을 열어 주셨을 때 와! 이렇게 내 안에 계신 그리스도께서 말씀하시는 대로 살기만 하면 되겠구나!

새사람인 나에게 이렇게 쉽고 간단하게 살 수 있도록 언제나 내 안에서 가르쳐 주시고 생각나게 하시니 무엇이 두렵고 어려움이 있겠는가?

기뻐 뛰고 소리치고 싶었습니다.

나는 지금도 이 엄청난 소식을 전해주고 싶고 그렇게 살 수 있도록 도와주고 싶은 생각으로 주님께서 나의 생각을 꽉 채우시며 사로잡고 계십니다.

2) 생명의 성령의 법으로 삽니다.

롬 8:2을 통해 이제 새사람은 죄와 사망의 법 즉 선악과의 기준으로 살지 않고 그리스도 안에 있는 생명의 성령의 법으로 살아가는 완전히 새로 바뀐 법으로 살아가야 합니다.

로마서 8장 2절

이는 그리스도 예수 안에 있는 생명의 성령의 법이 죄와 사망의 법에서 너를 해방하였음이라

롬 8:4에서 엄청난 계시를 하셨습니다.

로마서 8장 4절

육신을 따르지 않고 그 영을 따라 행하는 우리에게 율법의 요구가 이루어지게 하려 하심이니라

"육신을 따르지 않고 영을 따라 행하는 우리에게" 라는 말씀은

우리 안에 계신 영 곧 성령을 따라 행하도록 우리를 정하셨다는 말씀입니다.

"율법의 요구가 이루어지게 하셨다"니…….

할렐루야!

내 안에 계신 그리스도 즉 영을 따라 살기만 하면 하나님의 뜻 곧 율법의 요구가 이루어지도록 하셨다니요.

얼마나 놀랍고 감격스러운 말씀입니까!

어디에 보아도 우리는 율법의 요구를 이룰 수 있는 존재도 아니고 방법도 없었습니다.

그런데 구원받은 새사람에게 이렇게 살 수 있도록 하나님께서 모두 해 놓으셨습니다.

그리고 이 일을 위해 주님께서 살리는 영으로 우리 영 안에 들어오셨다는 사실이 확신되어서, 혼자 벅차고 어쩔 줄 몰라 감격하여 도저히 잠을 잘 수가 없었습니다.

주님께서는 나에게 너무나도 확신을 주시고, 계속 가르쳐 주시므로 감격스러웠습니다.

3) 새사람이 살아가는 방법은 이제는 주님이 주인 되셔서 말씀하심을 받아 그대로 순종하는 것입니다 (갈 2:20).

갈라디아서 2장 20절

내가 그리스도와 함께 십자가에 못 박혔나니 그런즉 이제는 내가 사는 것이 아니요 오직 내 안에 그리스도께서 사시는 것이라 이제 내가 육체 가운데 사는 것은 나를 사랑하사 나를 위하여 자기 자신을 버리신 하나님의 아들을 믿는 믿음 안에서 사는 것이라

주님과 나는 연합한 존재이며 공동운명체입니다.

삶의 역할에 있어서는 주님이 주인이시고, 나는 종으로 살기에 모든 책임은 주님이 담당하십니다.

이 역할을 잘 알고 분별하여 산다면 행복이 시작됩니다.

그리고 종이란?

순종을 해야 할 자입니다

그러므로 주인에게 의견이나 자신의 뜻을 관철시킬 수 없습니다.

나의 주인이 어떤 분이실까요?

전능하신 하나님이십니다.

나와 비슷한 사람이 아닙니다.

어떻게 하찮은 사람이 감히 하나님께 힐문하고, "생각해 보고요"라고 말할 수 있겠습니까.

말도 안됩니다.

우리는 같은 직장인이라도 직급이 조금 높은 사람에게는 힐문하거나 이유를 자꾸 말하면 직장 생활이 어렵게 됩니다.

만약 주님의 말씀에 순종한다면?

우리가 하나님의 수준의 삶을 사는 것이요, 하나님의 뜻과 지혜와 능력으로 살게 됩니다.

하나님의 생명으로 사는 말로 표현할 수 없는 최고의 삶을 사는 것입니다.

4) 새사람은 성령께 물어서 새 생명으로 순종해야 합니다.

이것을 한마디로 "그리스도를 산다"고 말합니다.

새사람은 그 사는 방법이 (골 3:9-10),

골로새서 3장 9-10절

9 너희가 서로 거짓말을 하지 말라 옛 사람과 그 행위를 벗어 버리고
10 새사람을 입었으니 이는 자기를 창조하신 이의 형상을 따라 지식에
까지 새롭게 하심을 입은 자니라

옛사람이 아닌 하나님의 생명으로 태어난 새사람이 사는 방법대로 성령께 물어서(14:16-17),

요한복음 14장 16-17절

16 내가 아버지께 구하겠으니 그가 또 다른 보혜사를 너희에게 주사 영원
토록 너희와 함께 있게 하리니
17 그는 진리의 영이라 세상은 능히 그를 받지 못하나니 이는 그를 보지도
못하고 알지도 못함이라 그러나 너희는 그를 아나니 그는 너희와 함께
거하심이요 또 너희 속에 계시겠음이라

자신의 영 안에 성령님으로 오신 그리스도에게 무엇이든지 묻거나 말씀하심을 듣고 새생명으로 순종하는(롬 6:4) 것입니다.

로마서 6장 4절

그러므로 우리가 그의 죽으심과 합하여 세례를 받음으로 그와 함께 장사되었나니 이는 아버지의 영광으로 말미암아 그리스도를 죽은 자 가운데서 살리심과 같이 우리로 또한 새 생명 가운데서 행하게 하려 함이라

새생명이란 하나님의 생명(요일 5:13)을 말합니다.

요한일서 5장 13절

내가 하나님의 아들의 이름을 믿는 너희에게 이것을 쓰는 것은 너희로 하여금 너희에게 영생이 있음을 알게 하려 함이라

옛 생명으로 사는 것은 경험이나 지식이나 습관으로 사는 것입니다.

사는 방법은 뒤에 자세히 말씀드리겠습니다.

4. 새사람의 사는 목적은?

하나님 나라와 의를 위해 삽니다 (마 6:33).

마태복음 6장 33절

그런즉 너희는 먼저 그의 나라와 그의 의를 구하라 그리하면 이 모든 것을 너희에게 더하시리라

롬 8:9을 통해 새사람에 대해 계시하십니다.

로마서 8장 9절

만일 너희 속에 하나님의 영이 거하시면 너희가 육신에 있지 아니하고 영에 있나니 누구든지 그리스도의 영이 없으면 그리스도의 사람이 아니라

새사람은 영 안에 있는 영의 사람입니다.
이 새사람이 그 사람 자체이며 본질입니다.
이것을 확실하게 이해하는 것이 중요합니다.
우리는 예수를 믿고 난 후부터 지금까지 무엇을 목적으로 삼고 열심히 최선을 다해 살아왔습니까?

혹시 인생의 목적이 따로 있고, 신앙생활의 목적이 따로 있지는 않습니까?

이런 삶의 특징은 교회 와서 예배를 드릴 때는 신앙생활의 목적에 맞추어 결단하고 새롭게 살려고 합니다.

그러나 교회 밖에 나가면서부터는 인생의 목적에 맞추어 저절로 현실의 문제에 생각을 빼앗깁니다.

그로 인해 염려와 근심 두려움과 속상함에 사로잡힐 수가 있습니다.

그런데 새사람의 삶의 목적은 다릅니다.

이중적인 삶의 목적을 갖고 살던 옛사람은 죽었습니다.

이제 하나님께서 주신 목적만 가진 새사람인 성도님만 있을 뿐입니다.

그러므로 하나님은 구원받은 새사람 모두에게는 동일한 목적인 하나님 나라와 의를 위해 살도록 하였습니다.

어디에서 무엇을 하든지 그것이 하나님 나라와 의를 이루어야 합니다.

우리는 내가 있는 곳에서 늘 하나님의 나라가 세워지고, 하나님의 의로 행하는 역사가 있어야 합니다.

그것이 신앙생활의 목적대로 사는 것입니다.

선하며 칭찬받을 수 있고, 많은 사람에게 큰 도움이 되는 것만을 추구한다면, 이는 하나님과 원수된 상태에서 열심히 살고 있다고 할 수 있습니다 (롬 8:7).

로마서 8장 7절

육신의 생각은 하나님과 원수가 되나니 이는 하나님의 법에 굴복하지 아니할 뿐 아니라 할 수도 없음이라

이런 옛사람의 삶이 우리의 현실이라면 어떻게 할까요?

더 깊이 더 확실하게 성경을 통해 확증해 보아야 하지 않을까요?

하나님은 새사람들에게 약속을 하셨습니다.

"내가 너의 필요한 모든 것을 공급해 주겠다"(마 6:32, 25, 30).

마태복음 6장 32절

이는 다 이방인들이 구하는 것이라 너희 하늘 아버지께서 이 모든 것이 너희에게 있어야 할 줄을 아시느니라

마태복음 6장 25절

그러므로 내가 너희에게 이르노니 목숨을 위하여 무엇을 먹을까 무엇을 마실까 몸을 위하여 무엇을 입을까 염려하지 말라 목숨이 음식보다 중하지 아니하며 몸이 의복보다 중하지 아니하냐

마태복음 6장 30절

오늘 있다가 내일 아궁이에 던져지는 들풀도 하나님이 이렇게 입히시거든 하물며 너희일까 보냐 믿음이 작은 자들아

"먹고 사는 것은 다 이방인들이 구하는 것이다."

또 주님께서 말씀하십니다.

"너도 이방인이냐? 아니다! 너는 천하보다도 귀한 내 자녀다. 내가 너의 필요를 모두 알고 있다"(마 6:32).

마태복음 6장 32절

이는 다 이방인들이 구하는 것이라 너희 하늘 아버지께서 이 모든 것이 너희에게 있어야 할 줄을 아시느니라

그러므로 "무엇을 먹을까 무엇을 마실까 무엇을 입을까 염려하지 말라"고 말씀하십니다 (마 6:31).

마태복음 6장 31절

그러므로 염려하여 이르기를 무엇을 먹을까 무엇을 마실까 무엇을 입을까 하지 말라

이런 엄청난 약속은 "천지는 없어지겠으나 내 말은 없어지지 않는다"고 말씀하신 하나님께서 약속하신 것입니다 (마 24:35).

마태복음 24장 35절

천지는 없어질지언정 내 말은 없어지지 아니하리라

그런데 그런 하나님의 약속하신 말씀이 내 삶으로 체험되지 못하는 이유는 무엇일까요?

1) 새사람이 하나님께 구하지 않아서입니다.

왜 그렇지요?

약속을 믿지 못해서, 왜 못 믿나요?

약속하신 하나님을 모르기 때문입니다.

또 말씀을 실제(진리)로 믿지 않아서입니다.

2) 하나님의 약속의 전제 조건을 살지 않기 때문입니다.

왜 못 사는가요?

하나님 나라를 모르고,

하나님 나라를 세우는 것을 모르며,

또 하나님의 의를 모르고,

하나님의 의를 이루는 방법을 모르기 때문입니다.

좀더 구체적으로 말하면

(1) 새사람이 구하면 주십니다 (요 16:24).

요한복음 16장 24절

지금까지는 너희가 내 이름으로 아무것도 구하지 아니하였으나 구하라 그리하면 받으리니 너희 기쁨이 충만하리라

약속을 믿고 하나님께 달라고 하면 주십니다.

그런데 엉뚱한 것에 능력도 없는 것에게 달라고 사정을 합니다.

그 결과 대부분 원망과 시비와 상처와 고통이 찾아오게 됩니다.

새사람이 구하는 방법은 주님으로부터 말씀을 받아서 구하는 것입니다 (요 15:7).

요한복음 15장 7절

너희가 내 안에 거하고 내 말이 너희 안에 거하면 무엇이든지 원하는 대로 구하라 그리하면 이루리라

우리는 이미 그리스도와 연합된 상태이므로 주님이 말씀하심을 받고 그대로 구하면 됩니다.

그러기 위해서 우리의 의견이나 원함을 제거해야 합니다.

이것을 요 14:14에서는 "내 이름으로 구하라" 라고 표현하고 있습니다.

그러면 주님께서 행하시겠다고 말씀하십니다.

요한복음 14장 14절

내 이름으로 무엇이든지 내게 구하면 내가 행하리라

약속하신 하나님을 체험적으로 알아야 합니다.

성경에서 약속하신 하나님이 어떤 분이십니까?

당신 안에 계신 하나님은 어떤 분이신가요?

이스라엘 백성 약 이백만 명 이상을 광야에서 40년간 만나로 먹이시고, 불기둥과 구름 기둥으로 가나안 땅까지 인도하신 하나님과는 다른 하나님이실까요?

우리를 지키시매 악한 자가 만지지도 못하게 하시는 하나님과는 다른 하나님이십니까? (요일 5:18)

요한일서 5장 18절

하나님께로부터 난 자는 다 범죄하지 아니하는 줄을 우리가 아노라 하나님께로부터 나신 자가 그를 지키시매 악한 자가 그를 만지지도 못하느니라

아닙니다.

그때의 그 하나님과 동일한 하나님이십니다.

이 하나님은 우리를 지극히 사랑하시고 대신해 사시는 하나님이십니다.

이 하나님을 체험해 가는 방법은,

① 매일 묵상을 통해 동행하는 주님을 체험하는 것입니다.

② 순간순간 성령께 물어서 순종함으로 대신해 사시는 주님을 체험해야 합니다.

③ 말씀을 받을 때 교훈(가르침)이나 지식이나 깨닫기 위해 받지 않아야 합니다.

④ 하나님께서 실제로 나에게 말씀하심으로 받고, 거기에 믿음을 더 해야 합니다 (히 4:2).

히브리서 4장 2절

그들과 같이 우리도 복음 전함을 받은 자이나 들은 바 그 말씀이 그들에게 유익하지 못한 것은 듣는 자가 믿음과 결부시키지 아니함이라

하나님께서 먹여 살리신다고 하면 그 말씀대로 먹여 살리시는 것입니다.

"태양아 멈춰라!" 하면 태양이 멈추는 것입니다.

(2) 하나님의 약속은 전제조건을 살 때 시작됩니다 (마 6:33).

마태복음 6장 33절

그런즉 너희는 먼저 그의 나라와 그의 의를 구하라 그리하면 이 모든 것을 너희에게 더하시리라

① 먼저 하나님 나라를 위해 살려면 하나님 나라에 대하여 알아야 합니다.

하나님 나라는 하나님의 통치와 다스림 아래 있는 모든 것이라고 말할 수 있습니다.

즉 하나님의 다스림을 받는 백성과 다스림을 받는 것이 있어

야 합니다.

예를 든다면 성도 자신이나 교회나 성도의 가정이나 성도의 기업의 모든 것도 다스림을 받습니다.

낙원도 이 땅에 세워질 천년왕국과 새 예루살렘 등이 있습니다.

우리가 하나님 나라를 위해 산다는 것은 나 자신이 있는 곳을 하나님께서 다스리시도록 세우는 것입니다.

어떻게 할 수 있을까요?

그 어떤 일(가정이나 회사 등)을 주님께 물어서 말씀하신 대로 해 나가는 것입니다.

나를 통해 하나님의 다스림 아래 있도록 하는 것입니다.

이것이 하나님 나라를 위해 사는 것입니다.

② 하나님의 의를 위해 살아야 합니다.

하나님의 의란?

하나님으로부터 나온 모든 것은 하나님의 의입니다.

하나님의 의를 이루는 것은 어떤 일이든지 주님께 물어서 순종하는 것입니다.

그러면 나를 통해 하나님의 의가 나의 환경 가운데 이루어지는 것입니다.

내가 옳다고 생각하는 것이나 원하는 어떤 것을 행한다면 나의 의를 행한 것이 됩니다 (롬 10:2-4).

로마서 10장 2-4절

2 내가 증언하노니 그들이 하나님께 열심이 있으나 올바른 지식을 따른 것이 아니니라
3 하나님의 의를 모르고 자기 의를 세우려고 힘써 하나님의 의에 복종하지 아니하였느니라
4 그리스도는 모든 믿는 자에게 의를 이루기 위하여 율법의 마침이 되시니라

우리는 좀 더 새사람에 대하여 구체적으로 알고, 새사람이 사는 방법대로 살아서 하나님의 공급을 철저히 받도록 해야만 합니다.

제6장

새사람과 옛사람의 구분

제6장

새사람과 옛사람의 구분

구분	새사람	옛사람
주인	하나님	자기 자신
생명	하나님의 생명	사람의 생명
성품	하나님의 성품	사람의 성품
누구를 위해 사는가?	하나님을 위해	자신을 위해
능력	하나님의 능력 - 무한함	배운 것, 훈련된 것, 알고 있는 지식 - 유한함
죄지을 수 있다. 없다	죄와 상관 없다	죄를 짓지 않을수 없다
꿈	하나님 나라	이 세상
소망	이기는 자	이 세상의 행복
수명	영원함	제한됨 (120세)
율법에 대해	자유케 됨	저주 아래 갇히게 됨

1. 주인

1) 새사람의 주인은 예수 그리스도이신 전능하신 하나님이 주인이십니다!

이 얼마나 놀라운 일인가요!

그렇다면 무엇이 두렵겠습니까?

2) 옛사람의 주인은 나 또는 자기 자신입니다.

그래서 자신이 모든 것을 해결해야 하고 책임져야 합니다.

그러므로 항상 두렵고 근심이 많습니다.

2. 생명

1) 새사람의 생명은 하나님의 생명입니다.

요일 5:11-13에서는 우주를 창조하시고 운행하시며 다스리시는 하나님의 생명을 가졌다고 말씀하셨습니다.

요한일서 5장 11-13절

11 또 증거는 이것이니 하나님이 우리에게 영생을 주신 것과 이 생명이 그의 아들 안에 있는 그것이니라

12 아들이 있는 자에게는 생명이 있고 하나님의 아들이 없는 자에게는 생명이 없느니라

13 내가 하나님의 아들의 이름을 믿는 너희에게 이것을 쓰는 것은 너희로 하여금 너희에게 영생이 있음을 알게 하려 함이라

요 10:28에서는 "영원히 멸망치 않는다"고 하셨습니다.

요한복음 10장 28절

내가 그들에게 영생을 주노니 영원히 멸망하지 아니할 것이요 또 그들을 내 손에서 빼앗을 자가 없느니라

요 11:25-26에는 부활의 생명 곧 죽어도 다시 사는 생명입니다.

요한복음 11:25-26절

25 예수께서 이르시되 나는 부활이요 생명이니 나를 믿는 자는 죽어도
살겠고
26 무릇 살아서 나를 믿는 자는 영원히 죽지 아니하리니 이것을 네가 믿느냐

요일 3:9에서는 죄를 지을 수 없는 생명입니다.

요한일서 3장 9절

하나님께로부터 난 자마다 죄를 짓지 아니하나니 이는 하나님의 씨가 그의 속에 거함이요 그도 범죄하지 못하는 것은 하나님께로부터 났음이라

이런 생명에 대하여 들어본 적이 있습니까?

그런데 새사람은 이런 생명을 가졌다니 대단하지 않습니까!

2) 옛사람의 생명은 사람의 생명을 말합니다 (마 16:25).

마태복음 16장 25절

누구든지 제 목숨을 구원하고자 하면 잃을 것이요 누구든지 나를 위하여 제 목숨을 잃으면 찾으리라

엡 2:2-3에서는 이 세상을 살아가는 사람의 생명은 세상 풍조를 따르고, 공중권세 자를 따르며, 육체의 욕심을 따라 살고, 육체와 마음의 원하는 것을 하며 사는 생명입니다.

그러므로 항상 근심 염려가 떠나지 않으며 늘 불안해 합니다.

에베소서 2장 2-3절

2 그때에 너희는 그 가운데서 행하여 이 세상 풍조를 따르고 공중의 권세
잡은 자를 따랐으니 곧 지금 불순종의 아들들 가운데서 역사하는 영이라
3 전에는 우리도 다 그 가운데서 우리 육체의 욕심을 따라 지내며 육체와 마
음의 원하는 것을 하여 다른 이들과 같이 본질상 진노의 자녀이었더니

3. 성품

1) 새사람은 하나님의 성품을 가졌습니다.

벧후 1:4을 보면 하나님의 생명을 가졌으므로 당연히 하나님의 성품에 참여하는 자가 되어 하나님의 사랑과 겸손 또 온유, 헌신을 살아낼 수 있습니다.

베드로후서 1장 4절

이로써 그 보배롭고 지극히 큰 약속을 우리에게 주사 이 약속으로 말미암아 너희가 정욕 때문에 세상에서 썩어질 것을 피하여 신성한 성품에 참여하는 자가 되게 하려 하셨느니라

2) 옛사람의 성품은 사람의 성품입니다.

엡 2:3에서 몸의 요구에 의해 조성된 것입니다.

에베소서 2장 3절

전에는 우리도 다 그 가운데서 우리 육체의 욕심을 따라 지내며 육체와 마음의 원하는 것을 하여 다른 이들과 같이 본질상 진노의 자녀이었더니

이것은 선악과에 의해서 죄로 조성된 것입니다 (롬 7:17).

로마서 7장 17절

이제는 그것을 행하는 자가 내가 아니요 내 속에 거하는 죄니라

옛사람은 사랑과 용서와 겸손 또 화해와 헌신, 섬김이 있습니다. 그러나 이것은 하나님의 것에 모형일 뿐이고 실체는 아닙니다.

4. 누구를 위해 사는가?

1) 새사람은 하나님을 위해 삽니다 (고후 5:15).

고린도후서 5장 15절

그가 모든 사람을 대신하여 죽으심은 살아 있는 자들로 하여금 다시는 그들 자신을 위하여 살지 않고 오직 그들을 대신하여 죽었다가 다시 살아나신 이를 위하여 살게 하려 함이라

롬 14:6-9에서 오늘을 중하게 여기는 것과 먹는 것도 주를 위하여 먹고, 먹지 않는 것도 주를 위하여 먹지 않으며, 사는 것이나 죽는 것도 주를 위하여 죽습니다. 할렐루야!

로마서 14장 6-9절

6 날을 중히 여기는 자도 주를 위하여 중히 여기고 먹는 자도 주를 위하여
먹으니 이는 하나님께 감사함이요 먹지 않는 자도 주를 위하여 먹지
아니하며 하나님께 감사하느니라
7 우리 중에 누구든지 자기를 위하여 사는 자가 없고 자기를 위하여 죽는
자도 없도다

8 우리가 살아도 주를 위하여 살고 죽어도 주를 위하여 죽나니 그러므로
사나 죽으나 우리가 주의 것이로다
9 이를 위하여 그리스도께서 죽었다가 다시 살아나셨으니 곧 죽은 자와 산자의
주가 되려 하심이라

이 얼마나 대단한 존재가 되었습니까!

2) 옛사람은 자신을 위해 삽니다.

삿 17:6 ; 21:25 은 자기 옳은 소견대로 자기를 위해 살고 모든 것을 자기 원함과 주장대로 살기에 모든 결과는 자신이 책임을 집니다.

따라서 어떤 일을 결정하거나 어려움이 닥치면 무너지기 쉽습니다

사사기 17장 6절

그때에는 이스라엘에 왕이 없었으므로 사람마다 자기 소견에 옳은 대로 행하였더라

사사기 21장 25절

그때에 이스라엘에 왕이 없으므로 사람이 각기 자기의 소견에 옳은 대로 행하였더라

5. 능력

1) 새사람은 하나님의 능력 곧 전지 전능하신 능력을 나타낼 수 있습니다.

마귀를 대적하거나, 치유 또는 문제해결을 주님이 새사람을 통해 하시니 모든 것을 하나님의 행하심으로 나타낼 수 있습니다.

따라서 그 능력은 무한합니다

2) 옛사람은 배운 것과 훈련된 것, 알고 있는 지식은 모두 제한적입니다.

환경에 따라서 또한 바뀔 수 있습니다.

그러므로 불안하고 연약합니다.

6. 죄

1) 새사람은 죄와 상관없습니다.

죄를 지을 수 없습니다 (요일 3:6, 9).

요한일서 3장 6절

그 안에 거하는 자마다 범죄하지 아니하나니 범죄하는 자마다 그를 보지도 못하였고 그를 알지도 못하였느니라

요한일서 3장 9절

하나님께로부터 난 자마다 죄를 짓지 아니하나니 이는 하나님의 씨가 그의 속에 거함이요 그도 범죄하지 못하는 것은 하나님께로부터 났음이라

만약 구원받은 사람이 죄를 지었다면 그것은 새사람이 살지 않았다는 증거입니다.
육신의 생각에 따라 옛사람의 경험과 지식에 따라 산 것입니다.

2) 옛사람은 죄를 지을 수밖에 없습니다.

이는 하나님의 생명으로 살 수 없기 때문입니다.

렘 17:9절은 만물보다 거짓되고 심히 부패한 마음에서 나오기 때문이라고 하십니다.

예레미야 17장 9절

만물보다 거짓되고 심히 부패한 것은 마음이라 누가 능히 이를 알리요마는

롬 7:11, 17에서는 죄가 나를 속이고, 죄가 나를 대신해 살고 있다고 하시며,

로마서 7장 11절

죄가 기회를 타서 계명으로 말미암아 나를 속이고 그것으로 나를 죽였는지라

로마서 7장 17절

이제는 그것을 행하는 자가 내가 아니요 내 속에 거하는 죄니라

18절에서는 그러므로,

로마서 7장 18절

내 속 곧 내 육신에 선한 것이 거하지 아니하는 줄을 아노니 원함은 내게 있으나 선을 행하는 것은 없노라

내 육신에 선한 것이 없다는 것을 알아야 한다고 하십니다.

7. 소망

1) 새사람은 하나님 나라와 이기는 자에 소망을 둡니다.

골 3:1-2에서는 위의 것(하나님 나라)을 생각하고, 위의 것을 찾으라 하십니다.

골로새서 3장 1-2절

1 그러므로 너희가 그리스도와 함께 다시 살리심을 받았으면 위의 것을 찾으라 거기는 그리스도께서 하나님 우편에 앉아 계시느니라
2 위의 것을 생각하고 땅의 것을 생각하지 말라

계 20:4,6에서는 끝까지 싸워 이기는 자에게는 반열에 소망을 갖도록 하십니다.

요한계시록 20장 4절

또 내가 보좌들을 보니 거기에 앉은 자들이 있어 심판하는 권세를 받았더라 또 내가 보니 예수를 증언함과 하나님의 말씀 때문에 목 베임을 당한 자들의 영혼들과 또 짐승과 그의 우상에게 경배하지 아니하고 그들의 이마와 손에 그의 표를 받지 아니한 자들이 살아서 그리스도와 더불어 천 년 동안 왕 노릇 하니

요한계시록 20장 6절

이 첫째 부활에 참여하는 자들은 복이 있고 거룩하도다 둘째 사망이 그들을 다스리는 권세가 없고 도리어 그들이 하나님과 그리스도의 제사장이 되어 천 년 동안 그리스도와 더불어 왕 노릇 하리라

2) 옛사람은 이 세상과 이 땅의 행복에 소망을 둡니다.

요일 2:15에 보면 하나님께서 말씀하시는 세상을 생각할 수도 볼 수도 없습니다.

요한일서 2장 15절

이 세상이나 세상에 있는 것들을 사랑하지 말라 누구든지 세상을 사랑하면 아버지의 사랑이 그 안에 있지 아니하니

오직 자신이 좋다고 생각하는 것 자신의 명예나 권세나 물질에 소망을 둡니다.

8. 수명

1) 새사람은 영원히 삽니다.

요 10:38과 요일 5:13은 생명 자체가 영생이고 멸망하지 않는다고 하십니다.

요한복음 10장 38절

내가 행하거든 나를 믿지 아니할지라도 그 일은 믿으라 그러면 너희가 아버지께서 내 안에 계시고 내가 아버지 안에 있음을 깨달아 알리라 하시니

요한일서 5장 13절

내가 하나님의 아들의 이름을 믿는 너희에게 이것을 쓰는 것은 너희로 하여금 너희에게 영생이 있음을 알게 하려 함이라

2) 옛사람은 제한적이며 소멸합니다.

9. 율법

1) 새사람은 자유케 됩니다 (요 8:32).

요한복음 8장 32절

진리를 알지니 진리가 너희를 자유롭게 하리라

롬 7:4, 6 율법에 대하여 죽었고 율법의 얽매임에서 벗어났습니다.

로마서 7장 4절

그러므로 내 형제들아 너희도 그리스도의 몸으로 말미암아 율법에 대하여 죽임을 당하였으니 이는 다른 이 곧 죽은 자 가운데서 살아나신 이에게 가서 우리가 하나님을 위하여 열매를 맺게 하려 함이라

로마서 7장 6절

이제는 우리가 얽매였던 것에 대하여 죽었으므로 율법에서 벗어났으니 이러므로 우리가 영의 새로운 것으로 섬길 것이요 율법 조문의 묵은 것으로 아니할지니라

요 8:32에는 예수 그리스도를 알면 예수 그리스도가 우리를 자유케 하십니다.

2) 옛사람은 매임 당하고 저주 아래 갇히게 됩니다.

롬 7:6은 율법에 얽매였고 (롬 7:1-4) 참조.

로마서 7장 1-6절

1 형제들아 내가 법 아는 자들에게 말하노니 너희는 그 법이 사람이 살
동안만 그를 주관하는 줄 알지 못하느냐
2 남편 있는 여인이 그 남편 생전에는 법으로 그에게 매인 바 되나 만일
그 남편이 죽으면 남편의 법에서 벗어나느니라
3 그러므로 만일 그 남편 생전에 다른 남자에게 가면 음녀라 그러나 만일
남편이 죽으면 그 법에서 자유롭게 되나니 다른 남자에게 갈지라도 음
녀가 되지 아니하느니라
4 그러므로 내 형제들아 너희도 그리스도의 몸으로 말미암아 율법에 대
하여 죽임을 당하였으니 이는 다른 이 곧 죽은 자 가운데서 살아나신
이에게 가서 우리가 하나님을 위하여 열매를 맺게 하려 함이라
5 우리가 육신에 있을 때에는 율법으로 말미암는 죄의 정욕이 우리 지체
중에 역사하여 우리로 사망을 위하여 열매를 맺게 하였더니
6 이제는 우리가 얽매였던 것에 대하여 죽었으므로 율법에서 벗어났으니 이
러므로 우리가 영의 새로운 것으로 섬길 것이요 율법 조문의 묵은 것으로
아니할지니라

갈 3:10은 율법의 저주 아래 있어서 벗어날 수 없습니다.

갈라디아서 3장 10절

무릇 율법 행위에 속한 자들은 저주 아래에 있나니 기록된 바 누구든지 율법 책에 기록된 대로 모든 일을 항상 행하지 아니하는 자는 저주 아래에 있는 자라 하였음이라

왜, 벗어날 수 없나요?
항상 율법을 지킬 수 없기 때문입니다.

할렐루야!
주님을 주인으로 영접한 나와 여러분은 새사람으로 이미 탄생하였습니다.
우리가 얼마나 대단한 사람으로 태어났는지 실감 나게 묵상해 보시면 충만해지고 하나님의 생명에 사로 잡히게 될 것입니다.

새사람인 당신을 축하합니다!

제7장

옛사람이 죽었다는 것은?

(롬 6:4-6)

제7장

옛사람이 죽었다는 것은?

(롬 6:4-6)

로마서 6장 4-6절

4 그러므로 우리가 그의 죽으심과 합하여 세례를 받음으로 그와 함께 장사
되었나니 이는 아버지의 영광으로 말미암아 그리스도를 죽은 자 가운
데서 살리심과 같이 우리로 또한 새 생명 가운데서 행하게 하려 함이라
5 만일 우리가 그의 죽으심과 같은 모양으로 연합한 자가 되었으면 또한
그의 부활과 같은 모양으로 연합한 자도 되리라
6 우리가 알거니와 우리의 옛 사람이 예수와 함께 십자가에 못 박힌 것은
죄의 몸이 죽어 다시는 우리가 죄에게 종 노릇 하지 아니하려 함이니

1. 모든 것에서 끝났습니다.

육신의 부모로부터 태어나서 지금까지 살아왔던 나를 하나님께서 그리스도와 함께 십자가에 죽이셨습니다.

그러므로 그 즉시 관계 갖고 있던 모든 것에서 끝났다는 것입니다.

2. 이 세상에 존재하지 않습니다.

그 어디에도 어떤 상황에도 없다는 것을 확실하게 믿읍시다!

다만 우리의 생각 안에 남아 있을 수는 있지만 실제는 아닙니다

3. 과거에서 모두 끊어졌습니다 (롬 6:4).

과거의 어떤 이유나 경우에도 붙잡혀서는 안 됩니다.

사실이 아니니까요!

추억이나 상처, 쓴 뿌리나 성공, 실패했던 것, 근심이나 염려, 학력이나 무능함, 가문 등 어떤 것에도 일체 매일 수 없습니다.

과거를 가진 사람이 죽었기 때문입니다 (눅 4:18).

누가복음 4장 18절

주의 성령이 내게 임하셨으니 이는 가난한 자에게 복음을 전하게 하시려고 내게 기름을 부으시고 나를 보내사 포로 된 자에게 자유를, 눈 먼 자에게 다시 보게 함을 전파하며 눌린 자를 자유롭게 하고

4. 자신을 위해 살 수 없습니다 (고후 5:15).

고린도후서 5장 15절

그가 모든 사람을 대신하여 죽으심은 살아 있는 자들로 하여금 다시는 그들 자신을 위하여 살지 않고 오직 그들을 대신하여 죽었다가 다시 살아나신 이를 위하여 살게 하려 함이라

계획이나 꿈, 비전, 소망이나 만족, 업적이나 욕망, 명예나 부요도, 먹는 것과 사는 것, 죽는 것 등 모두 자신을 위해 살 수 없습니다 (갈 5:24).

갈라디아서 5장 24절

그리스도 예수의 사람들은 육체와 함께 그 정욕과 탐심을 십자가에 못 박았느니라

5. 내 능력, 기준, 의견, 원함이 없습니다 (마 16:24).

마태복음 16장 24절

이에 예수께서 제자들에게 이르시되 누구든지 나를 따라오려거든 자기를 부인하고 자기 십자가를 지고 나를 따를 것이니라

6. 내 뜻과 원함대로 살지 않고 나의 옳은 소견대로 살지 않습니다.

내가 노력하면 원하는 선을 행하지 못하고 악을 행할 수밖에 없습니다.

왜냐하면 그것은 죄가 이끌기 때문입니다.

7. 죄도 없고 죄의식에 잡힐 수 없습니다 (롬 8:1-2).

어떤 경우에도 정죄함을 받지 않습니다.
죄짓는 사람은 죽었고 나와 상관이 없기 때문입니다.

로마서 8장 1-2절

1 그러므로 이제 그리스도 예수 안에 있는 자에게는 결코 정죄함이 없나니
2 이는 그리스도 예수 안에 있는 생명의 성령의 법이 죄와 사망의 법에서 너를 해방하였음이라

8. 칭찬받기, 존중받기, 인정받기, 불평, 원망, 시비, 비교할 수 없습니다.

9. 하나님의 말씀을 내가 지키려고 노력하지 않습니다.
(롬 7:19-20)

로마서 7장 19-20절

19 내가 원하는 바 선은 행하지 아니하고 도리어 원하지 아니하는 바 악을
행하는도다
20 만일 내가 원하지 아니하는 그것을 하면 이를 행하는 자는 내가 아니요
내 속에 거하는 죄니라

10. 선악의 기준대로 살지 않습니다.

어떤 기준을 가지고 비평하고 판단하는 것은 이제 끝났고 어떤 기준도 끝났습니다 (마 7:1-5).

주님께서 말씀하심만 우리의 기준이며 법입니다 (롬 8:4).

마태복음 7장 1-5절

1 비판을 받지 아니하려거든 비판하지 말라
2 너희가 비판하는 그 비판으로 너희가 비판을 받을 것이요 너희가 헤아리는 그 헤아림으로 너희가 헤아림을 받을 것이니라
3 어찌하여 형제의 눈 속에 있는 티는 보고 네 눈 속에 있는 들보는 깨닫지 못하느냐
4 보라 네 눈 속에 들보가 있는데 어찌하여 형제에게 말하기를 나로 네 눈 속에 있는 티를 빼게 하라 하겠느냐
5 외식하는 자여 먼저 네 눈 속에서 들보를 빼어라 그 후에야 밝히 보고 형제의 눈 속에서 티를 빼리라

로마서 8장 4절

육신을 따르지 않고 그 영을 따라 행하는 우리에게 율법의 요구가 이루어지게 하려 하심이니라

11. 경쟁 대상이 없습니다.

과거에는 모든 사람이 나와 경쟁 상태에 있었습니다.

심지어 한 가정의 형제조차도 그리하였고 모든 것이 체계화되어 있었습니다.

12. 미워하거나 화낼 수 없습니다.

나 자신을 위한 나는 죽었고 주님께서 나를 대신해 사시기 때문에 그러므로 잘못된 습관이나 성질 등 어떤 것도 고치려 하지 말고, 또 옛사람을 죽이려고 하거나 죽여 달라고 기도하지도 말아야 합니다.

이는 세월을 낭비하는 것입니다.

이제는 새사람의 성장에 우리의 의지와 노력을 하면 옛사람의 어떠함이 없어집니다.

문제 가운데 있는 옛사람이 죽었으니 지금 하던 일이나 문제 또는 채무 등을 책임지지 않아도 되겠다고 생각하신다면 큰 오해입니다!

그 환경 그 사람의 모든 문제는 현실이며 그 빚진 모든 것은 여전히 변하지 않습니다.

이것을 지금까지는 옛사람의 방법으로 내가 모든 것을 해결하려고 힘쓰며 애쓰고 노력해 왔습니다.

그런데 그 옛사람이 죽어 끝났고 이제 새사람이 똑같은 그 일이나 문제를 새사람의 삶의 방법으로 보고 생각하는 것입니다.

이제 이것은 내 문제가 아니라 나의 주인이시며 나를 대신해 사시는 주님의 문제임을 실제로 믿으셔야 합니다.

그리고 주님께서는 어떻게 하기를 원하시는지 하나 하나 물어서 그때그때 말씀하심대로 순종해 나가면 됩니다!

문제와 상황은 똑같지만 해결해 나가는 사람이 완전히 바뀌었습니다.

그래서 새사람의 삶의 방법을 배울 필요가 있습니다.

제8장

거듭난 새사람으로 태어났다는 것은?
(고후 5:14-17)

제8장

거듭난 새사람으로 태어났다는 것은?
(고후 5:14-17)

고린도후서 5장 14-17절

14 그리스도의 사랑이 우리를 강권하시는도다 우리가 생각하건대 한 사람
이 모든 사람을 대신하여 죽었은즉 모든 사람이 죽은 것이라
15 그가 모든 사람을 대신하여 죽으심은 살아 있는 자들로 하여금 다시는
그들 자신을 위하여 살지 않고 오직 그들을 대신하여 죽었다가 다시
살아나신 이를 위하여 살게 하려 함이라
16 그러므로 우리가 이제부터는 어떤 사람도 육신을 따라 알지 아니하
노라 비록 우리가 그리스도도 육신을 따라 알았으나 이제부터는 그
같이 알지 아니하노라
17 그런즉 누구든지 그리스도 안에 있으면 새로운 피조물이라 이전 것은 지나
갔으니 보라 새 것이 되었도다

1. 마귀의 자녀에서 하나님의 자녀로 태어났습니다 (요 3:6-8).

요한복음 3장 6-8절

6 육으로 난 것은 육이요 영으로 난 것은 영이니
7 내가 네게 거듭나야 하겠다 하는 말을 놀랍게 여기지 말라
8 바람이 임의로 불매 네가 그 소리는 들어도 어디서 와서 어디로 가는지 알지
못하나니 성령으로 난 사람도 다 그러하니라

부모에게서 태어난 것은 육신의 자녀로 태어난 것입니다.
거듭난 것은 하나님의 자녀로 태어난 것입니다 (요 1:12-13).

요한복음 1장 12-13절

12 영접하는 자 곧 그 이름을 믿는 자들에게는 하나님의 자녀가 되는 권
세를 주셨으니
13 이는 혈통으로나 육정으로나 사람의 뜻으로 나지 아니하고 오직 하나님
께로부터 난 자들이니라

따라서 하나님 생명을 갖게 된 것을 의미합니다.

이것은 사탄의 본성에서 하나님의 본성으로 바뀌었음을 의미합니다 (요 8:44).

요한복음 8장 44절

너희는 너희 아비 마귀에게서 났으니 너희 아비의 욕심대로 너희도 행하고자 하느니라 그는 처음부터 살인한 자요 진리가 그 속에 없으므로 진리에 서지 못하고 거짓을 말할 때마다 제 것으로 말하나니 이는 그가 거짓말쟁이요 거짓의 아비가 되었음이라

2. 제2의 인생이 시작되었습니다 (출 12:2).

1) 옛사람은 죽었고, 새사람의 삶의 시작입니다 (출 12:1-14).

출애굽기 12장 1-14절

1 여호와께서 애굽 땅에서 모세와 아론에게 일러 말씀하시되
2 이 달을 너희에게 달의 시작 곧 해의 첫 달이 되게 하고
3 너희는 이스라엘 온 회중에게 말하여 이르라 이달 열흘에 너희 각자가
어린 양을 취할지니 각 가족대로 그 식구를 위하여 어린 양을 취하되
4 그 어린 양에 대하여 식구가 너무 적으면 그 집의 이웃과 함께 사람 수를
따라서 하나를 취하며 각 사람이 먹을 수 있는 분량에 따라서 너희 어린
양을 계산할 것이며
5 너희 어린 양은 흠 없고 일 년 된 수컷으로 하되 양이나 염소 중에서
취하고
6 이달 열나흗날까지 간직하였다가 해 질 때에 이스라엘 회중이 그 양을
잡고
7 그 피를 양을 먹을 집 좌우 문설주와 인방에 바르고
8 그 밤에 그 고기를 불에 구워 무교병과 쓴나물과 아울러 먹되
9 날것으로나 물에 삶아서 먹지 말고 머리와 다리와 내장을 다 불에 구워
먹고

10 아침까지 남겨두지 말며 아침까지 남은 것은 곧 불사르라
11 너희는 그것을 이렇게 먹을지니 허리에 띠를 띠고 발에 신을 신고 손에 지팡이를 잡고 급히 먹으라 이것이 여호와의 유월절이니라
12 내가 그 밤에 애굽 땅에 두루 다니며 사람이나 짐승을 막론하고 애굽 땅에 있는 모든 처음 난 것을 다 치고 애굽의 모든 신을 내가 심판하리라 나는 여호와라
13 내가 애굽 땅을 칠 때에 그 피가 너희가 사는 집에 있어서 너희를 위하여 표적이 될지라 내가 피를 볼 때에 너희를 넘어가리니 재앙이 너희에게 내려 멸하지 아니하리라
14 너희는 이날을 기념하여 여호와의 절기를 삼아 영원한 규례로 대대로 지킬지니라

우리는 부모님으로부터 가장 좋고 옳다는 지식을 배우고 자신이 옳다는 길로 살아왔습니다.

과정 가운데 슬프고 힘든 일도 많았고 순간순간 행복하고 힘이 되는 추억도 있습니다.

때로는 알려지기 싫은 비밀도 있고 말 못 할 아픈 상처도 있습니다.

하나님 아버지께서는 이런 우리 인생을 예수 그리스도와 함께 완전히 죽이고 장사 지냈습니다 (롬 6:6, 4).

로마서 6장 6절

우리가 알거니와 우리의 옛 사람이 예수와 함께 십자가에 못 박힌 것은 죄의 몸이 죽어 다시는 우리가 죄에게 종 노릇 하지 아니하려 함이니

로마서 6장 4절

그러므로 우리가 그의 죽으심과 합하여 세례를 받음으로 그와 함께 장사되었나니 이는 아버지의 영광으로 말미암아 그리스도를 죽은 자 가운데서 살리심과 같이 우리로 또한 새 생명 가운데서 행하게 하려 함이라

그리고 우리가 예수 그리스도를 영접하는 순간에 하나님의 생명으로 다시 태어나면서 새사람의 삶이 시작되었습니다.

제2의 인생의 시작을 성령님께서 말씀해 주셨습니다 (출 12:2).

나는 이 말씀을 열어 주셨을 때에 나의 지난 과거가 전부 스쳐 가면서 어떻게 이런 것을 한 번에 그것도 완전히 지워버리고 "이제부터 새로 시작이다!" 라고 할 수 있었겠습니까?

오직 예수를 믿는 자들에게만 있는 특권이며 상상도 할 수 없는 일이 실제로 생긴 것입니다.

예수님을 믿고 우리의 삶은 매 순간 첫 경험이 되어야 합니다.

2) 죄에서 자유케(사함을 받음) 되었습니다 (롬 8:1-2).

로마서 8장 1-2절

1 그러므로 이제 그리스도 예수 안에 있는 자에게는 결코 정죄함이 없나니
2 이는 그리스도 예수 안에 있는 생명의 성령의 법이 죄와 사망의 법에서 너를 해방하였음이라

죄와 사망의 법 아래서 정죄를 받아 사망 권세 아래 죄의 종노릇 하고 있는 우리를 생명의 성령의 법이 완전히 해방하였습니다.

이 사실을 믿고 죄에서 자유케 되었는데 아직도 실제로 믿지 못하여 죄에게 끌려다닌다면 주님께서 얼마나 안타까워하시겠습니까!

그런데 사실 당신은 "무죄 석방" 받았다는 사실을 알고 얼마나 기뻐서 소리라도 지르고 주님께 감사해서 어떤 표현을 했습니까?

그리고 친구나 아는 분에게 "나는 이렇게 예수님 믿고 무죄 석방 받았다."라고 전화라도 해 보셨나요?

아니면 그렇게까지 기쁜 일이 아니었나요? (요일 4:10)

요한일서 4장 10절

사랑은 여기 있으니 우리가 하나님을 사랑한 것이 아니요 하나님이 우리를 사랑하사 우리 죄를 속하기 위하여 화목제물로 그 아들을 보내셨음이라

3) 죄를 지을 수 없는 사람입니다 (요일 3:6, 9).

요한일서 3장 6절

그 안에 거하는 자마다 범죄하지 아니하나니 범죄하는 자마다 그를 보지도 못하였고 그를 알지도 못하였느니라

요한일서 3장 9절

하나님께로부터 난 자마다 죄를 짓지 아니하나니 이는 하나님의 씨가 그의 속에 거함이요 그도 범죄하지 못하는 것은 하나님께로부터 났음이라

우리 영 안에 태어난 새사람은(롬 8:9) 죄를 지을 수 없는 하나님의 생명(씨)으로 태어났기 때문입니다.

로마서 8장 9절

만일 너희 속에 하나님의 영이 거하시면 너희가 육신에 있지 아니하고 영에 있나니 누구든지 그리스도의 영이 없으면 그리스도의 사람이 아니라

우리의 지식으로나 경험으로는 도무지 이해할 수 없다 하더라도 이것은 사실이고 실제입니다.

구원받은 존재인 새사람은 실제로 그런 존재라고 주님께서 말씀하셨습니다.

만약 우리의 체험처럼 예수 믿고도 여전히 짓는 죄가 새사람과 연관이 된다면 천국 갈 수 있는 사람이 있을까요?

없습니다!

이 문제는 나중에 더 자세히 말씀드리겠습니다.

4) 육신의 정욕과 욕망도 끝났습니다 (갈 5:24).

갈라디아서 5장 24절

그리스도 예수의 사람들은 육체와 함께 그 정욕과 탐심을 십자가에 못 박았느니라

새사람은 자신이라는 독립된 존재가 아닙니다.

주님과 연합되었고 주님만이 드러나는 존재입니다 (갈 2:20).

갈라디아서 2장 20절

내가 그리스도와 함께 십자가에 못 박혔나니 그런즉 이제는 내가 사는 것이 아니요 오직 내 안에 그리스도께서 사시는 것이라 이제 내가 육체 가운데 사는 것은 나를 사랑하사 나를 위하여 자기 자신을 버리신 하나님의 아들을 믿는 믿음 안에서 사는 것이라

자신의 어떠함을 조금도 소유하거나 나타낼 수 없습니다.

모든 것을 주님의 어떠하심만 나타내야 합니다.

자신이 노력해서 얻어 내는 것은 새사람이 산 것이 아님을 알아야 합니다.

5) 세상에서도 자유케 됩니다 (갈 6:14).

갈라디아서 6장 14절

그러나 내게는 우리 주 예수 그리스도의 십자가 외에 결코 자랑할 것이 없으니 그리스도로 말미암아 세상이 나를 대하여 십자가에 못 박히고 내가 또한 세상을 대하여 그러하니라

새사람은 육신의 삶을 사는 사람이 아니라 영의 삶 곧 주님의 어떠하심을 사는 사람입니다.

따라서 세상의 어떠한 것에 미혹되거나 사랑하거나 매일 수 없습니다.

그러므로 세상에서 자유함을 누리는 사람입니다 (요 8:32).

요한복음 8장 32절

진리를 알지니 진리가 너희를 자유롭게 하리라

세상의 어떤 것으로도 새사람을 다스릴 수 없고 영향력을 행사할 수 없습니다.

정말 우리가 얼마나 대단한 존재가 되었는지 더 묵상이 필요합니다.

3. 육신에 있지 않고 영 안에 있습니다 (롬 8:9).

로마서 8장 9절

만일 너희 속에 하나님의 영이 거하시면 너희가 육신에 있지 아니하고 영에 있나니 누구든지 그리스도의 영이 없으면 그리스도의 사람이 아니라

혼 안에 있던 나(옛사람)는 육신 곧 몸의 요구에 의해 조성된 인격체를 말합니다 (고후 4:16).

고린도후서 4장 16절

그러므로 우리가 낙심하지 아니하노니 우리의 겉 사람은 낡아지나 우리의 속사람은 날로 새로워지도다

이를 성경에서는 나, 자신, 자아, 죄인, 육신, 겉 사람을 총칭해서 옛사람이라 합니다.

영 안에 있는 나(새사람)는 주님에 의해서 주님의 생명으로 탄생되었습니다 (요 3:6-8).

이 사람을 거듭난 사람, 새로운 피조물, 속 사람, 의인, 하나님의 자녀, 영의 사람, 성도, 그리스도인, 새사람이라고 합니다.

요한복음 3장 6-8절

6 육으로 난 것은 육이요 영으로 난 것은 영이니
7 내가 네게 거듭나야 하겠다 하는 말을 놀랍게 여기지 말라
8 바람이 임의로 불매 네가 그 소리는 들어도 어디서 와서 어디로 가는지 알지 못하나니 성령으로 난 사람도 다 그러하니라

4. 나는 그리스도와 완전히 연합되었습니다 (고전 6:17, 골 3:3-4).

고린도전서 6장 17절

주와 합하는 자는 한 영이니라

골로새서 3장 3-4절

3 이는 너희가 죽었고 너희 생명이 그리스도와 함께 하나님 안에 감추어
졌음이라
4 우리 생명이신 그리스도께서 나타나실 그때에 너희도 그와 함께 영광 중에
나타나리라

예수님을 주인으로 영접하는 순간 우리 영 안에서는 성령으로 들어오신 그리스도와 우리 영이 연합하여 새사람이 탄생됩니다 (요 1:12-13).

우리는 상상할 수도 없는 존재가 되었습니다.

어떻게 이럴 수가 있겠는가?

도저히 믿을 수 없는 일이지만 사실입니다.

할렐루야!

주님을 찬양합니다!

요한복음 1장 12-13절

12 영접하는 자 곧 그 이름을 믿는 자들에게는 하나님의 자녀가 되는 권세
를 주셨으니
13 이는 혈통으로나 육정으로나 사람의 뜻으로 나지 아니하고 오직 하나님
께로부터 난 자들이니라

5. 나는 완전히 죽었고 그리스도가 대신 사십니다 (갈 2:20).

갈라디아서 2장 20절

내가 그리스도와 함께 십자가에 못 박혔나니 그런즉 이제는 내가 사는 것이 아니요 오직 내 안에 그리스도께서 사시는 것이라 이제 내가 육체 가운데 사는 것은 나를 사랑하사 나를 위하여 자기 자신을 버리신 하나님의 아들을 믿는 믿음 안에서 사는 것이라

나라는 존재는 죽어서 없다는 것을 계속 의식해 가야 합니다.

내 자신의 일은 없고 나를 위한 것은 과거나 현재나 미래까지도 없습니다.

모두 주님의 것입니다.

나는 나를 통해 사시는 주님을 위해 사는 것 뿐입니다.

이제 나는 주님의 의를 나타내는 의의 병기로 사용 받게 됩니다 (롬 6:19).

로마서 6장 19절

너희 육신이 연약하므로 내가 사람의 예대로 말하노니 전에 너희가 너희 지체를 부정과 불법에 내주어 불법에 이른 것같이 이제는 너희 지체를 의에게 종으로 내주어 거룩함에 이르라

그러므로 주님께서는 나를 통해 사시고 순종하는 나의 모든 것(공급도, 보호도, 인도도, 결과도)을 책임지십니다.

6. 생명의 성령의 법으로 삽니다 (롬 8:1-2).

로마서 8장 1-2절

1 그러므로 이제 그리스도 예수 안에 있는 자에게는 결코 정죄함이 없나니
2 이는 그리스도 예수 안에 있는 생명의 성령의 법이 죄와 사망의 법에서 너를 해방하였음이라

지금까지 율법에 의해 살아서 늘 정죄를 당하고 죄와 사망의 법에 의해 죄와 저주 아래서 고통 가운데 살았습니다.

이제는 율법을 완성하신 주님께서 우리 영 안에 성령으로 들어오셔서 직접 생각나게 하시고 가르쳐 주시며 생명의 성령의 법으로 살게 하셨습니다.

우리는 새언약 시대에 살게 되었습니다.

생명의 성령의 법 안에는 주님의 말씀(성령께서)만이 법이며 다른 어떤 것도 기준이 될 수 없습니다.

7. 천국 시민이 되었습니다 (빌 3:20).

빌립보서 3장 20절

그러나 우리의 시민권은 하늘에 있는지라 거기로부터 구원하는 자 곧 주 예수 그리스도를 기다리노니

마땅히 새사람은 주님 나라의 시민으로 태어났습니다.

천국(天國) 곧 하늘나라는 주님이 왕이시고 새사람은 그의 백성으로서 다스림 아래 있기 때문에 천국 시민입니다.

모든 것은 주님 나라의 통제와 보호를 받습니다 (요일 5:18-19).

요한일서 5장 18-19절

18 하나님께로부터 난 자는 다 범죄하지 아니하는 줄을 우리가 아노라 하나님께로부터 나신 자가 그를 지키시매 악한 자가 그를 만지지도 못하느니라

19 또 아는 것은 우리는 하나님께 속하고 온 세상은 악한 자 안에 처한 것이며

8. 자신을 위해 살지 않습니다 (롬 14:7-9, 고후 5:15).

로마서 14장 7-9절

7 우리 중에 누구든지 자기를 위하여 사는 자가 없고 자기를 위하여 죽는
자도 없도다
8 우리가 살아도 주를 위하여 살고 죽어도 주를 위하여 죽나니 그러므로
사나 죽으나 우리가 주의 것이로다
9 이를 위하여 그리스도께서 죽었다가 다시 살아나셨으니 곧 죽은 자와
산 자의 주가 되려 하심이라

이전에 우리는 태어나면서부터 우리 자신을 위해 살아왔습니다. 그래서 다른 사람을 위해 무엇인가 하는 것은 특별한 일이며 칭찬을 받아야 하고 헌신이나 희생이란 말로 보상을 은근히 기대하기도 합니다.

거듭난 새사람은 신앙생활을 오래 하거나 열심히 주님을 위해 헌신하거나 주님의 큰 은혜를 깨닫고 결단한 사람이 아닙니다.

새사람은 거듭날 때부터 다시는 자신을 위해 살지 않는 사람으로 하나님이 낳으신 것입니다 (고후 5:15).

고린도후서 5장 15절

그가 모든 사람을 대신하여 죽으심은 살아 있는 자들로 하여금 다시는 그들 자신을 위하여 살지 않고 오직 그들을 대신하여 죽었다가 다시 살아나신 이를 위하여 살게 하려 함이라

9. 영 안에 있는 새사람이 삽니다 (롬 8:9 ; 7:22).

로마서 8장 9절

만일 너희 속에 하나님의 영이 거하시면 너희가 육신에 있지 아니하고 영에 있나니 누구든지 그리스도의 영이 없으면 그리스도의 사람이 아니라

로마서 7장 22절

내 속사람으로는 하나님의 법을 즐거워하되

거듭난 새사람은 육신에 있지 않고 영 안에 있는 영의 사람입니다.

따라서 육신에 의해 살던 옛사람과 구분되어야 합니다.

그러므로 우리로서는 상상도 할 수 없는 신의 성품 즉 하나님의 성품에 참여하는 자가 되었습니다 (벧후 1:3-4).

아주 미약하고 어리지만 하나님의 생명을 살아가는 자가 되었습니다 (요일 5:13).

베드로후서 1장 3-4절

3 그의 신기한 능력으로 생명과 경건에 속한 모든 것을 우리에게 주셨으니
이는 자기의 영광과 덕으로써 우리를 부르신 이를 앎으로 말미암음이라
4 이로써 그 보배롭고 지극히 큰 약속을 우리에게 주사 이 약속으로 말미
암아 너희가 정욕 때문에 세상에서 썩어질 것을 피하여 신성한 성품에
참여하는 자가 되게 하려 하셨느니라

요한일서 5장 13절

내가 하나님의 아들의 이름을 믿는 너희에게 이것을 쓰는 것은 너희로 하여금 너희에게 영생이 있음을 알게 하려 함이라

할렐루야!!

이해나 상상도 할 수 없는 엄청난 존재가 된 것입니다.

이제 새사람이 사는 방법을 배워서 살면 하나님의 생명으로 살게 됩니다.

10. 성령께 물어서 말씀하시는 대로 삽니다 (요일 2:27).

요한일서 2장 27절

너희는 주께 받은 바 기름부음이 너희 안에 거하나니 아무도 너희를 가르칠 필요가 없고 오직 그의 기름부음이 모든 것을 너희에게 가르치며 또 참되고 거짓이 없으니 너희를 가르치신 그대로 주 안에 거하라

우리가 예수 그리스도를 영접하면 예수님께서 죽고 부활하여 살리는 영이 되어 (고전 15:45) 또 다른 보혜사 성령 (요 14:16-17)으로 우리 영 안에 들어와서 생각나게 하시고 가르쳐 주어서 그대로 순종하게 하셨습니다.

정말 쉽고 확실한 하나님의 삶입니다.
우리의 책임은 순종하는 것까지입니다.

고린도전서 15장 45절

기록된 바 첫 사람 아담은 생령이 되었다 함과 같이 마지막 아담은 살려 주는 영이 되었나니

요한복음 14장 16-17절

16 내가 아버지께 구하겠으니 그가 또 다른 보혜사를 너희에게 주사 영원
토록 너희와 함께 있게 하리니
17 그는 진리의 영이라 세상은 능히 그를 받지 못하나니 이는 그를 보지도
못하고 알지도 못함이라 그러나 너희는 그를 아나니 그는 너희와 함께
거하심이요 또 너희 속에 계시겠음이라

11. 새 생명으로 순종합니다 (롬 6:4).

로마서 6장 4절

그러므로 우리가 그의 죽으심과 합하여 세례를 받음으로 그와 함께 장사되었나니 이는 아버지의 영광으로 말미암아 그리스도를 죽은 자 가운데서 살리심과 같이 우리로 또한 새 생명 가운데서 행하게 하려 함이라

근본적으로 보면 새사람의 생명은 하나님의 생명 곧 새 생명입니다.

이제 성령께 물어서 음성을 듣고 순종을 할 때에 옛 생명 즉 사람의 생명(경험과 지식으로 사는)으로 순종하는 것이 아니라 새 생명으로 순종하는 것입니다.

이렇게 살면 힘이 생기고 기쁨과 감사가 생깁니다.

12. 주님의 다스림 아래만 있습니다 (요일 2:5).

요한일서 2장 5절

누구든지 그의 말씀을 지키는 자는 하나님의 사랑이 참으로 그 속에서 온전하게 되었나니 이로써 우리가 그의 안에 있는 줄을 아노라

주님에게서 벗어나지 않고 주님의 뜻 안에 살게 됩니다.
주님의 보호와 인도하심 아래 평안을 누리게 됩니다 (요일 5:18).

요한일서 5장 18절

하나님께로부터 난 자는 다 범죄하지 아니하는 줄을 우리가 아노라 하나님께로부터 나신 자가 그를 지키시매 악한 자가 그를 만지지도 못하느니라

어떤 환경 안에서도 자유와 안정감을 가지고 살게 됩니다.

13. 선악으로 살지 않습니다 (마 7:1-5).

마태복음 7장 1-5절

1 비판을 받지 아니하려거든 비판하지 말라
2 너희가 비판하는 그 비판으로 너희가 비판을 받을 것이요 너희가 헤아
리는 그 헤아림으로 너희가 헤아림을 받을 것이니라
3 어찌하여 형제의 눈 속에 있는 티는 보고 네 눈 속에 있는 들보는 깨닫지
못하느냐
4 보라 네 눈 속에 들보가 있는데 어찌하여 형제에게 말하기를 나로 네 눈
속에 있는 티를 빼게 하라 하겠느냐
5 외식하는 자여 먼저 네 눈 속에서 들보를 빼어라 그 후에야 밝히 보고 형제
의 눈 속에서 티를 빼리라

이 세상은 선과 악의 기준으로 모두 조성되고 체계화 되어 있습니다.

어디에나 무엇에나 크고 작은 기준과 법에 의해 평가를 하기 때문에 정죄하기도 하고 정죄감을 받기도 합니다.

그러기 때문에 서로 상처를 받게 되고 미움과 원망과 불만과 시비가 생기며 근심 염려가 떠나지 않습니다.

새사람은 다른 기준이 없고 주님 말씀하심이 기준이 됩니다.

14. 영원한 지옥에 갈 수 없습니다 (요일 5:18-19).

요한일서 5장 18-19절

18 하나님께로부터 난 자는 다 범죄하지 아니하는 줄을 우리가 아노라
하나님께로부터 나신 자가 그를 지키시매 악한 자가 그를 만지지도
못하느니라
19 또 아는 것은 우리는 하나님께 속하고 온 세상은 악한 자 안에 처한
것이며

이는 새사람은 죄를 지을 수 없는 하나님의 생명으로 태어났기 때문입니다 (요일 3:9).

요한일서 3장 9절

하나님께로부터 난 자마다 죄를 짓지 아니하나니 이는 하나님의 씨가 그의 속에 거함이요 그도 범죄하지 못하는 것은 하나님께로부터 났음이라

물론 태어나서 어리다고 하지만 그는 완전한 하나님의 생명으로 사는 존재이기 때문에 죄를 지을 수 없는 것입니다.

그러므로 그는 이 세상을 즉시 떠난다고 해도 지옥에 갈 수가 없습니다.

물론 영원한 지옥을 말하는 것입니다.

그럼 예수 믿고 거듭난 후의 죄 문제는 NPTC 훈련에서 나누겠습니다.

분명한 것은 예수님을 영접한 당신은 영원한 지옥에 갈 수 없다는 것입니다.

"얼마나 대단한 존재가 되었습니까!

"반드시 믿으셔야만 합니다!"

15. 진노의 자녀 (엡 2:2-3)에서 하나님의 상속자가 되었습니다. (롬 8:17-18)

에베소서 2장 2-3절

2 그때에 너희는 그 가운데서 행하여 이 세상 풍조를 따르고 공중의 권세
잡은 자를 따랐으니 곧 지금 불순종의 아들들 가운데서 역사하는 영이라
3 전에는 우리도 다 그 가운데서 우리 육체의 욕심을 따라 지내며 육체와
마음의 원하는 것을 하여 다른 이들과 같이 본질상 진노의 자녀이었더니

로마서 8장 17-18절

17 자녀이면 또한 상속자 곧 하나님의 상속자요 그리스도와 함께 한 상속
자니 우리가 그와 함께 영광을 받기 위하여 고난도 함께 받아야 할 것
이니라
18 생각하건대 현재의 고난은 장차 우리에게 나타날 영광과 비교할 수 없도다

세상의 풍속을 따라 살던 우리는 하나님께서 진노하시기로 결정된 줄도 모르고 그 안에서 잘 살아보겠다고 온갖 노력을 다했습니다.

좋다고 하는 것을 옳다고 하는 것을 좇아 모든 것을 다 소모했습니다.

그런 삶을 살던 내가 하나님의 자녀로 태어나 하나님 나라의 상속자가 되었다는 사실이 정말 믿어지시나요?

실감이 나십니까?

그렇다면 자신에게 어떤 변화가 있습니까?

16. 사탄의 생명에서 하나님의 생명으로 바뀌었습니다 (요일 5:13).

요한일서 5장 13절

내가 하나님의 아들의 이름을 믿는 너희에게 이것을 쓰는 것은 너희로 하여금 너희에게 영생이 있음을 알게 하려 함이라

우리는 부모님에게서 태어날 때에 부모님의 생명 즉 사람의 생명을 가졌고 그 생명으로 지금까지 살아왔습니다.

그런데 하나님께서는 그 생명이 사탄의 생명이라는 사실을 계시해 주셨습니다 (요 8:44).

우리가 사탄의 생명을 가졌다는 것을 믿을 수가 없었습니다.

요한복음 8장 44절

너희는 너희 아비 마귀에게서 났으니 너희 아비의 욕심대로 너희도 행하고자 하느니라 그는 처음부터 살인한 자요 진리가 그 속에 없으므로 진리에 서지 못하고 거짓을 말할 때마다 제 것으로 말하나니 이는 그가 거짓말쟁이요 거짓의 아비가 되었음이라

그러나 나 자신을 생각해 보니 다른 사람에 대해 불만이 저절로 생기고 미움과 원망하는 마음이 생기며 욕심이 끊어지지 않는 것을 볼 때에 정말 사탄의 생명이 아니고는 이렇게 할 수 없지 않은가 생각됩니다.

그런데 이제는 온전한 하나님의 생명을 가졌으므로 그의 성품과 능력과 거룩과 지혜와 하나님 말씀을 살아낼 수 있는 존재가 되었다니 정말 놀랍습니다.

더 실질적인 묵상이 필요합니다.

할렐루야!!

사랑하는 구원받은 새사람 여러분!

어떻습니까?

우리가 어떤 존재가 되었습니까?

주님만 믿었는데 우리는 이런 엄청난 새사람이 되었습니다.

성장이 아니고, 예수님을 믿은 즉시 이런 존재로 태어났습니다.

우리의 노력이나 무엇을 고치고 배워서가 아닙니다.

하나님께서 이런 하나님의 자녀로 우리를 태어나게 하셨습니다.

우리는 이런 사실을 모두 믿고 지금부터라도 하나님의 자녀 됨에 긍지를 가지고 새사람으로서 살아가면 됩니다.

제9장

거듭난 새사람은 어떻게 살아야 하는가?

제9장
거듭난 새사람은 어떻게 살아야 하는가?

1. 사는 방법은 그리스도를 살아야 합니다 (요 14:7-12).

요한복음 14장 7-12절

7 너희가 나를 알았더라면 내 아버지도 알았으리로다 이제부터는 너희가
그를 알았고 또 보았느니라
8 빌립이 이르되 주여 아버지를 우리에게 보여주옵소서 그리하면 족하겠
나이다
9 예수께서 이르시되 빌립아 내가 이렇게 오래 너희와 함께 있으되 네가
나를 알지 못하느냐 나를 본 자는 아버지를 보았거늘 어찌하여 아버지를
보이라 하느냐
10 내가 아버지 안에 거하고 아버지는 내 안에 계신 것을 네가 믿지 아니

하느냐 내가 너희에게 이르는 말은 스스로 하는 것이 아니라 아버지께서
내 안에 계셔서 그의 일을 하시는 것이라
11 내가 아버지 안에 거하고 아버지께서 내 안에 계심을 믿으라 그렇지 못하
겠거든 행하는 그 일로 말미암아 나를 믿으라
12 내가 진실로 진실로 너희에게 이르노니 나를 믿는 자는 내가 하는 일을 그도
할 것이요 또한 그보다 큰 일도 하리니 이는 내가 아버지께로 감이라

그리스도를 산다는 말은?

요 14:7-12 말씀을 통해 주님께서 죽고 부활하시면 어떻게 되고, 또 우리를 통해 어떻게 사시는지를 계시해 주시며 예수님을 영접한 우리는 어떤 방법으로 사는지에 대해 확실하게 보여주신 그림입니다!

그것은 예수께서 세상에 계실 때 하나님 아버지가 안에 계셔서 말씀하시고 보여주시고 가르쳐 주신 대로만 살았다고 말씀하셨습니다.

요 5:19-20, 30에서는 "나는 스스로 아무것도 할 수 없다"고 말씀하십니다.

요한복음 5장 19-20절

19 그러므로 예수께서 그들에게 이르시되 내가 진실로 진실로 너희에게
이르노니 아들이 아버지께서 하시는 일을 보지 않고는 아무것도 스스로
할 수 없나니 아버지께서 행하시는 그것을 아들도 그와 같이 행하느니라
20 아버지께서 아들을 사랑하사 자기가 행하시는 것을 다 아들에게 보이시고
또 그보다 더 큰 일을 보이사 너희로 놀랍게 여기게 하시리라

요한복음 5장 30절

내가 아무것도 스스로 할 수 없노라 듣는 대로 심판하노니 나는 나의 뜻대로 하려 하지 않고 나를 보내신 이의 뜻대로 하려 하므로 내 심판은 의로우니라

그러므로 예수님의 생애는 자신을 살지 않고 완전히 하나님 아버지를 살았다고 말씀하셨다면 요 14:12에 "나를 믿는 자는 내가 하는 일을 그도 할 것이요"라고 말씀하셨습니다.

요한복음 14장 12절

내가 진실로 진실로 너희에게 이르노니 나를 믿는 자는 내가 하는 일을 그도 할 것이요 또한 그보다 더 큰 일도 하리니 이는 내가 아버지께로 감이라

여기서 "나를 믿는 자"는 거듭난 새사람을 말하고, "내가 하는 일"은 하나님 아버지가 말씀하신 그대로 사신 일을 말하고,

"그도 할 것이요"는 예수님을 믿는 자는 반드시 나처럼 그렇게 해야 한다는 말씀입니다.

새사람인 우리 안에는 아버지와 함께 주님께서 성령으로 들어와 사십니다 (요 14:23).

요한복음 14장 23절

예수께서 대답하여 이르시되 사람이 나를 사랑하면 내 말을 지키리니 내 아버지께서 그를 사랑하실 것이요 우리가 그에게 가서 거처를 그와 함께 하리라

그리고 우리에게 언제나 생각나게 하시고 가르쳐 주셔서 주님을 살도록 하셨습니다 (요 14:26).

요한복음 14장 26절

보혜사 곧 아버지께서 내 이름으로 보내실 성령 그가 너희에게 모든 것을 가르치고 내가 너희에게 말한 모든 것을 생각나게 하리라

이렇게 하나님을 위해 살도록 계획하신 것입니다 (롬 6:6-11).

로마서 6장 6-11절

6 우리가 알거니와 우리의 옛 사람이 예수와 함께 십자가에 못 박힌 것은
죄의 몸이 죽어 다시는 우리가 죄에게 종 노릇 하지 아니하려 함이니
7 이는 죽은 자가 죄에서 벗어나 의롭다 하심을 얻었음이라
8 만일 우리가 그리스도와 함께 죽었으면 또한 그와 함께 살 줄을 믿노니
9 이는 그리스도께서 죽은 자 가운데서 살아나셨으매 다시 죽지 아니하시고
사망이 다시 그를 주장하지 못할 줄을 앎이로라
10 그가 죽으심은 죄에 대하여 단번에 죽으심이요 그가 살아 계심은 하나
님께 대하여 살아 계심이니
11 이와 같이 너희도 너희 자신을 죄에 대하여는 죽은 자요 그리스도 예수 안
에서 하나님께 대하여는 살아 있는 자로 여길지어다

이것을 "그리스도를 산다"고 우리 입장에서 표현한 것입니다.

즉 우리 새사람은 나 자신을 살지 않고 내 안에 주인 되신 그리스도를 살아야만 합니다.

이것이 그리스도를 산다는 말입니다.

2. 위치는 그리스도 안(벗어나서는 안 될)에서 삽니다.

1) 그리스도의 몸의 지체로서 살아야 합니다.

하나님은 **그리스도의 몸 안에 탄생된** 새사람을 그리스도와 연합한 존재로 만들었으며, 새사람들이 모여서 즉 그리스도의 몸의 지체들이 되어 그리스도의 몸을 이루도록 하셨습니다.

이것을 그리스도의 몸인 교회라고 부릅니다 (고전 12:27).

그러므로 새사람은 그리스도의 몸 안에서 몸의 지체로 살아야만 합니다 (엡 2:21-22).

고린도전서 12장 27절

너희는 그리스도의 몸이요 지체의 각 부분이라

에베소서 2장 21-22절

21 그의 안에서 건물마다 서로 연결하여 주 안에서 성전이 되어 가고
22 너희도 성령 안에서 하나님이 거하실 처소가 되기 위하여 그리스도
예수 안에서 함께 지어져 가느니라

몸을 떠난 지체는 순간 생명에서 떠나 죽습니다.

이것을 요 15:5-6에서는 포도나무(주님)에 붙어 있어야 한다고 말씀하십니다.

요한복음 15장 5-6절

5 나는 포도나무요 너희는 가지라 그가 내 안에, 내가 그 안에 거하면 사람
이 열매를 많이 맺나니 나를 떠나서는 너희가 아무것도 할 수 없음이라
6 사람이 내 안에 거하지 아니하면 가지처럼 밖에 버려져 마르나니 사람들이
그것을 모아다가 불에 던져 사르느니라

2) 갈 2:20의 위치에서 있어야 합니다.

갈라디아서 2장 20절

내가 그리스도와 함께 십자가에 못 박혔나니 그런즉 이제는 내가 사는 것이 아니요 오직 내 안에 그리스도께서 사시는 것이라 이제 내가 육체 가운데 사는 것은 나를 사랑하사 나를 위하여 자기 자신을 버리신 하나님의 아들을 믿는 믿음 안에서 사는 것이라

나는 죽고 내 안에 그리스도가 사신다는 것이 위치입니다.

주님께서 **나를 통해 사시도록** 묻고 순종하는 삶과 어떤 상황에서도 주님이 주인 되시고 나는 의의 병기로의 위치입니다.

3. 그리스도를 살도록 창조하셨습니다.

주님께서 죽고 부활하여 우리에게 다시 성령으로 오시면 거듭난 새사람은 이렇게 살도록 되어 있다고 자세히 설명해 주셨습니다 (요 14:1-15).

요한복음 14장 1-15절

1 너희는 마음에 근심하지 말라 하나님을 믿으니 또 나를 믿으라

2 내 아버지 집에 거할 곳이 많도다 그렇지 않으면 너희에게 일렀으리라 내가 너희를 위하여 거처를 예비하러 가노니

3 가서 너희를 위하여 거처를 예비하면 내가 다시 와서 너희를 내게로 영접하여 나 있는 곳에 너희도 있게 하리라

4 내가 어디로 가는지 그 길을 너희가 아느니라

5 도마가 이르되 주여 주께서 어디로 가시는지 우리가 알지 못하거늘 그 길을 어찌 알겠사옵나이까

6 예수께서 이르시되 내가 곧 길이요 진리요 생명이니 나로 말미암지 않고는 아버지께로 올 자가 없느니라

7 너희가 나를 알았더라면 내 아버지도 알았으리로다 이제부터는 너희가 그를 알았고 또 보았느니라

8 빌립이 이르되 주여 아버지를 우리에게 보여 주옵소서 그리하면 족하겠나이다

9 예수께서 이르시되 빌립아 내가 이렇게 오래 너희와 함께 있으되 네가
나를 알지 못하느냐 나를 본 자는 아버지를 보았거늘 어찌하여 아버지를
보이라 하느냐
10 내가 아버지 안에 거하고 아버지는 내 안에 계신 것을 네가 믿지 아니
하느냐 내가 너희에게 이르는 말은 스스로 하는 것이 아니라 아버지께서
내 안에 계셔서 그의 일을 하시는 것이라
11 내가 아버지 안에 거하고 아버지께서 내 안에 계심을 믿으라 그렇지
못하겠거든 행하는 그 일로 말미암아 나를 믿으라
12 내가 진실로 진실로 너희에게 이르노니 나를 믿는 자는 내가 하는 일을
그도 할 것이요 또한 그보다 큰 일도 하리니 이는 내가 아버지께로 감이라
13 너희가 내 이름으로 무엇을 구하든지 내가 행하리니 이는 아버지로 하여금
아들로 말미암아 영광을 받으시게 하려 함이라
14 내 이름으로 무엇이든지 내게 구하면 내가 행하리라
15 너희가 나를 사랑하면 나의 계명을 지키리라

4. 새사람이 살아야 할 새로운 법을 주셨습니다 (롬 8:1-4).

로마서 8장 1-4절

1 그러므로 이제 그리스도 예수 안에 있는 자에게는 결코 정죄함이 없나니
2 이는 그리스도 예수 안에 있는 생명의 성령의 법이 죄와 사망의 법에서
너를 해방하였음이라
3 율법이 육신으로 말미암아 연약하여 할 수 없는 그것을 하나님은 하시
나니 곧 죄로 말미암아 자기 아들을 죄 있는 육신의 모양으로 보내어
육신에 죄를 정하사
4 육신을 따르지 않고 그 영을 따라 행하는 우리에게 율법의 요구가 이루어
지게 하려 하심이니라

주님 안에 살게 하고 죄와 사망의 법에서 해방하여 생명의 성령의 법으로 살도록 완전히 새로운 법을 주셨습니다.

이는 율법을 따르지 않고 영을 따라 살도록 하여 율법의 요구를 모두 이룰 수 있도록 가장 쉽고 완벽한 법을 주신 것입니다.

예수님을 주인으로 영접한 사람이라면(새사람) 누구나 살 수 있는 법입니다.

롬 6장에서는 옛사람을 그리스도와 함께 죽게 하고 죄에 대하여는 죽고 하나님에 대하여는 살도록 하셨습니다 (롬 6:6-11).

로마서 6장 6-11절

6 우리가 알거니와 우리의 옛 사람이 예수와 함께 십자가에 못 박힌 것은
죄의 몸이 죽어 다시는 우리가 죄에게 종 노릇 하지 아니하려 함이니
7 이는 죽은 자가 죄에서 벗어나 의롭다 하심을 얻었음이라
8 만일 우리가 그리스도와 함께 죽었으면 또한 그와 함께 살 줄을 믿노니
9 이는 그리스도께서 죽은 자 가운데서 살아나셨으매 다시 죽지 아니하
시고 사망이 다시 그를 주장하지 못할 줄을 앎이로라
10 그가 죽으심은 죄에 대하여 단번에 죽으심이요 그가 살아 계심은 하나님께
대하여 살아 계심이니
11 이와 같이 너희도 너희 자신을 죄에 대하여는 죽은 자요 그리스도 예수 안
에서 하나님께 대하여는 살아 있는 자로 여길지어다

그러므로 롬 7장은 "죄와 사망의 법으로 살면 안 된다"고 말씀하십니다.

자신이 노력해서 하나님의 뜻과 말씀을 이루려고 하면 결국 "오호라 나는 곤고한 사람이로다"라는 고백이 나온다고 말씀하고 계십니다 (롬 7:24).

로마서 7장 24절

오호라 나는 곤고한 사람이로다 이 사망의 몸에서 누가 나를 건져내랴

그러므로 롬 8장에서는 생명의 성령의 법으로 살아야 한다고 자세하게 설명해 주고 계십니다.

모든 것을 영의 생각과 영을 따라 살아야 한다고 말씀하십니다 (롬 8:4-6).

로마서 8장 4-6절

4 육신을 따르지 않고 그 영을 따라 행하는 우리에게 율법의 요구가 이루어지게 하려 하심이니라

5 육신을 따르는 자는 육신의 일을, 영을 따르는 자는 영의 일을 생각하나니

6 육신의 생각은 사망이요 영의 생각은 생명과 평안이니라

육신의 생각 즉 경험과 지식 습관을 좇아 살면 하나님과 원수가 된다고 강조하십니다 (롬 8:7-8). 절대 하나님을 기쁘시게 못합니다.

로마서 8장 7-8절

7 육신의 생각은 하나님과 원수가 되나니 이는 하나님의 법에 굴복하지
아니할 뿐 아니라 할 수도 없음이라
8 육신에 있는 자들은 하나님을 기쁘시게 할 수 없느니라

이 말씀을 읽으면서 과연 나는 예배를 준비하는 것이나 봉사와 헌신과 신앙생활을 새사람이 아닌 옛사람으로 하고 있는지 심각하게 생각해 보시면 좋겠습니다.

나의 모든 삶은 주님이 주관하십니다! (갈 2:20)

갈라디아서 2장 20절

내가 그리스도와 함께 십자가에 못 박혔나니 그런즉 이제는 내가 사는 것이 아니요 오직 내 안에 그리스도께서 사시는 것이라 이제 내가 육체 가운데 사는 것은 나를 사랑하사 나를 위하여 자기 자신을 버리신 하나님의 아들을 믿는 믿음 안에서 사는 것이라

5. 그리스도를 산다는 것은?

새사람이 성령님께 물어서 새 생명으로 순종하는 것입니다

1) 새사람이 (고후 5:15-17, 골 3:9-10),

고린도후서 5장 15-17절

15 그가 모든 사람을 대신하여 죽으심은 살아 있는 자들로 하여금 다시는
그들 자신을 위하여 살지 않고 오직 그들을 대신하여 죽었다가 다시
살아나신 이를 위하여 살게 하려 함이라
16 그러므로 우리가 이제부터는 어떤 사람도 육신을 따라 알지 아니하노라
비록 우리가 그리스도도 육신을 따라 알았으나 이제부터는 그같이 알지
아니하노라
17 그런즉 누구든지 그리스도 안에 있으면 새로운 피조물이라 이전 것은
지나갔으니 보라 새 것이 되었도다.

골로새서 3장 9-10절

9 너희가 서로 거짓말을 하지 말라 옛 사람과 그 행위를 벗어 버리고
10 새사람을 입었으니 이는 자기를 창조하신 이의 형상을 따라 지식에까지
새롭게 하심을 입은 자니라

2) 성령님께 물어서 (롬 8:4-6, 갈 5:16-17),

로마서 8장 4-6절

4 육신을 따르지 않고 그 영을 따라 행하는 우리에게 율법의 요구가 이
루어지게 하려 하심이니라
5 육신을 따르는 자는 육신의 일을, 영을 따르는 자는 영의 일을 생각하나니
6 육신의 생각은 사망이요 영의 생각은 생명과 평안이니라

갈라디아서 5장 16-17절

16 내가 이르노니 너희는 성령을 따라 행하라 그리하면 육체의 욕심을
이루지 아니하리라
17 육체의 소욕은 성령을 거스르고 성령은 육체를 거스르나니 이 둘이
서로 대적함으로 너희가 원하는 것을 하지 못하게 하려 함이니라

3) 새 생명으로 순종하는 것입니다 (롬 6:4, 요일 5:13).

로마서 6장 4절

4 그러므로 우리가 그의 죽으심과 합하여 세례를 받음으로 그와 함께 장사
되었나니 이는 아버지의 영광으로 말미암아 그리스도를 죽은 자 가운
데서 살리심과 같이 우리로 또한 새 생명 가운데서 행하게 하려 함이라

요한일서 5장 13절

13 내가 하나님의 아들의 이름을 믿는 너희에게 이것을 쓰는 것은 너희로
하여금 너희에게 영생이 있음을 알게 하려 함이라

6. 구체적으로 어떻게 사는 것인가?

사람을 바꾸어 살아야 합니다.

어떻게요?

구원받기 전에는 옛사람이 살았습니다.

그는 자신을 위하여 자기 옳은 소견대로 삽니다 (삿 17:6).

사사기 17장 6절

그때에는 이스라엘에 왕이 없었으므로 사람마다 자기 소견에 옳은 대로 행하였더라

그러나 구원받은 후에는 새사람이 주님께 물어서 말씀을 받아 순종하며 삽니다. 좀더 구체적으로 설명하면,

1) 새사람이 살아야 합니다.

옛사람이 아닌 새사람이 살아야 하기에 대비(對比)하고자 새사람이라고 표현을 했습니다.

그 이유는 구원받은 사람의 이름은 성경에서 다음과 같이 여러 가지로 표현하고 있습니다.

거듭난 사람, 새로운 피조물, 하나님의 자녀, 영의 사람, 거룩한 사람, 의인, 속 사람, 새사람, 그리스도인, 하나님의 백성 등입니다.

그러므로 우리는 아직 습관이 안 되었으므로 순간순간 새사람으로 사는 훈련이 필요합니다.

(1) 새사람임을 인식하고 확인을 해야 합니다.

새사람이 보고, 새사람이 생각하고, 새사람이 느끼고, 새사람이 결정하고, 새사람이 말하고, 새사람이 행동해야 합니다.

우리가 이제 어떤 일이 생겼을 때도 볼 때도 혼자 있을 때조차 새사람인 내가 지금 생각하고 보고 있는가 점검하는 훈련이 필요합니다.

(2) 자신을 위해 살지 않도록 해야 합니다 (롬 14:7-9, 고후 5:15).

로마서 14장 7-9절

7 우리 중에 누구든지 자기를 위하여 사는 자가 없고 자기를 위하여 죽는 자도 없도다

8 우리가 살아도 주를 위하여 살고 죽어도 주를 위하여 죽나니 그러므로
사나 죽으나 우리가 주의 것이로다
9 이를 위하여 그리스도께서 죽었다가 다시 살아나셨으니 곧 죽은 자와
산 자의 주가 되려 하심이라

고린도후서 5장 15절

그가 모든 사람을 대신하여 죽으심은 살아 있는 자들로 하여금 다시는 그들 자신을 위하여 살지 않고 오직 그들을 대신하여 죽었다가 다시 살아나신 이를 위하여 살게 하려 함이라

새사람은 자신의 존재가 실제적으로 없습니다.
주님과 함께 연합되어 하나님 안에 감추어져 있습니다.
절대로 나타날 수 없습니다 (골 3:3).

그러나 주님께서 나타나실 때에 나도 그 가운데 있습니다 (골 3:4).

골로새서 3장 3-4절

3 이는 너희가 죽었고 너희 생명이 그리스도와 함께 하나님 안에 감추어
졌음이라
4 우리 생명이신 그리스도께서 나타나실 그때에 너희도 그와 함께 영광 중에
나타나리라

(3) 모든 것을 그리스도께서 나를 통해 사시도록 해야합니다 (갈 2:20).

갈라디아서 2장 20절

내가 그리스도와 함께 십자가에 못 박혔나니 그런즉 이제는 내가 사는 것이 아니요 오직 내 안에 그리스도께서 사시는 것이라 이제 내가 육체 가운데 사는 것은 나를 사랑하사 나를 위하여 자기 자신을 버리신 하나님의 아들을 믿는 믿음 안에서 사는 것이라

그리스도께서 나를 통해 사시도록 하는 방법은 나는 죽었고 그리스도가 내 주인인 것을 믿어야 합니다.

그리고 그 주인은 하나님이신 예수 그리스도이십니다.

그분의 명령이 참 영생인 줄 나도 알아야 합니다(요 12:49-50).

요한복음 12장 49-50절

49 내가 내 자의로 말한 것이 아니요 나를 보내신 아버지께서 내가 말할 것과 이를 것을 친히 명령하여 주셨으니

50 나는 그의 명령이 영생인 줄 아노라 그러므로 내가 이르는 것은 내 아버지께서 내게 말씀하신 그대로니라 하시니라

그러므로 내 안에 사시는 분을 이론적으로나 개념적으로 알지 말고 실존하시는 하나님이 느껴지도록 묵상이 필요합니다.

그분이 나를 통해 사신다고 믿어지면 모든 것이 끝나지 않을까요?

제10장

그리스도인은 어떻게 살아야 하는가?

제10장
그리스도인은 어떻게 살아야 하는가?

1. 성령께 물어서 살아야 합니다 (갈 5:16-17, 롬 8:4).

갈라디아서 5장 16-17절

16 내가 이르노니 너희는 성령을 따라 행하라 그리하면 육체의 욕심을
이루지 아니하리라
17 육체의 소욕은 성령을 거스르고 성령은 육체를 거스르나니 이 둘이
서로 대적함으로 너희가 원하는 것을 하지 못하게 하려 함이니라

로마서 8장 4절

4 육신을 따르지 않고 그 영을 따라 행하는 우리에게 율법의 요구가 이루어
지게 하려 하심이니라

내 안에 계신 성령은 주님께서 죽고 부활하여 살리는 영이 되신 그리스도의 영입니다 (롬 8:9).

즉 또 다른 보혜사 성령이십니다 (요 14:16-17).

로마서 8장 9절

만일 너희 속에 하나님의 영이 거하시면 너희가 육신에 있지 아니하고 영에 있나니 누구든지 그리스도의 영이 없으면 그리스도의 사람이 아니라

요한복음 14장 16-17절

16 내가 아버지께 구하겠으니 그가 또 다른 보혜사를 너희에게 주사 영원토록 너희와 함께 있게 하리니

17 그는 진리의 영이라 세상은 능히 그를 받지 못하나니 이는 그를 보지도 못하고 알지도 못함이라 그러나 너희는 그를 아나니 그는 너희와 함께 거하심이요 또 너희 속에 계시겠음이라

또한 롬 8:4에는 "영을 따라 사는 우리에게 율법의 요구가 이루어지게 하려 하심이니라"고 말씀하십니다.

그러므로 내 안에 계신 그리스도께 묻는 것입니다.

1) 예수 그리스도께서 주인이 되시도록 합니다 (갈 2:20).

갈라디아서 2장 20절

내가 그리스도와 함께 십자가에 못 박혔나니 그런즉 이제는 내가 사는 것이 아니요 오직 내 안에 그리스도께서 사시는 것이라 이제 내가 육체 가운데 사는 것은 나를 사랑하사 나를 위하여 자기 자신을 버리신 하나님의 아들을 믿는 믿음 안에서 사는 것이라.

물음으로써 실제적인 주인으로 대우하는 것입니다.
자신의 어떠함은 조금도 포함을 시켜서는 안 됩니다.

2) 믿음으로 묻고 믿음으로 들어야 합니다 (롬 14:23).

로마서 14장 23절

의심하고 먹는 자는 정죄되었나니 이는 믿음을 따라 하지 아니하였기 때문이라 믿음을 따라 하지 아니하는 것은 다 죄니라

물으면 내 안에 계신 그리스도이신 성령께서 대답해 주실 것을 믿고 또 말씀하심을 믿음으로 들어야 합니다 (히 4:2).

히브리서 4장 2절

그들과 같이 우리도 복음 전함을 받은 자이나 들은 바 그 말씀이 그들에게 유익하지 못한 것은 듣는 자가 믿음과 결부시키지 아니함이라

3) 자기 생각이나 원함을 제거한 후에 물어야 합니다.

우리가 하나님의 음성을 착각하는 가장 큰 이유가 있습니다.

그것은 자기의 어떠한 생각을 가지고 하나님께 물어서 주시는 생각이나 느낌을 하나님 음성으로 받는 오류를 미리 처리해야 하기 때문입니다.

4) 하나님 뜻대로 살 수 있습니다 (롬 8:4).

말씀하시는 그리스도가 하나님 자신이며 그가 말씀하심이 곧 하나님의 뜻이기 때문입니다.

하나님 뜻에서 벗어날 수 없습니다 (요 5:30).

요한복음 5장 30절

내가 아무것도 스스로 할 수 없노라 듣는 대로 심판하노니 나는 나의 뜻대로 하려 하지 않고 나를 보내신 이의 뜻대로 하려 하므로 내 심판은 의로우니라

5) 성령의 열매가 저절로 맺어집니다 (갈 5:22-23).

갈라디아서 5장 22-23절

22 오직 성령의 열매는 사랑과 희락과 화평과 오래 참음과 자비와 양선과 충성과

23 온유와 절제니 이 같은 것을 금지할 법이 없느니라

성령께서 말씀하신 대로 순종한 모든 것의 결과는 어떤 것이든 성령의 열매입니다.

그러므로 갈 5:22-23에 있는 아홉 가지만 성령의 열매가 있는 것이 아닙니다.

이것을 요 15:1-5에서는 포도나무와 가지로 표현하고 있습니다.

요한복음 15장 1-5절

1 나는 참 포도나무요 내 아버지는 농부라

2 무릇 내게 붙어 있어 열매를 맺지 아니하는 가지는 아버지께서 그것을 제거해 버리시고 무릇 열매를 맺는 가지는 더 열매를 맺게 하려 하여 그것을 깨끗하게 하시느니라

3 너희는 내가 일러준 말로 이미 깨끗하여졌으니
4 내 안에 거하라 나도 너희 안에 거하리라 가지가 포도나무에 붙어 있지
아니하면 스스로 열매를 맺을 수 없음같이 너희도 내 안에 있지 아니
하면 그러하리라
5 나는 포도나무요 너희는 가지라 그가 내 안에, 내가 그 안에 거하면 사람이
열매를 많이 맺나니 나를 떠나서는 너희가 아무것도 할 수 없음이라

6) 우리 안에서 생각나게 하시고 가르치십니다 (요 14:26).

요한복음 14장 26절

보혜사 곧 아버지께서 내 이름으로 보내실 성령 그가 너희에게 모든 것을 가르치고 내가 너희에게 말한 모든 것을 생각나게 하리라

우리 삶의 모든 것을 대신 사시는 그리스도께서 때마다 환경마다 지속적으로 생각나게 하시고 가르쳐 주십니다

7) 진리 가운데로 인도하시고 장래 일을 알게 하십니다 (요 16:13-14).

요한복음 16장 13-14절

13 그러나 진리의 성령이 오시면 그가 너희를 모든 진리 가운데로 인도
하시리니 그가 스스로 말하지 않고 오직 들은 것을 말하며 장래 일을
너희에게 알리시리라
14 그가 내 영광을 나타내리니 내 것을 가지고 너희에게 알리시겠음이라

우리 안에 계신 성령님은 우리에게 말씀하시는 것을 통해 진리 가운데로 인도하십니다.

그것이 우리가 이미 알고 있는 지식 같을지라도 그의 인도하심은 결국 진리 가운데로 모두 인도하십니다.

우리에게 말씀하신 모든 것이 진리입니다.

8) 어떻게?

지속적으로 순간순간마다 생각나게 하시고 가르쳐 주십니다. 우리의 관심을 내 안에 계신 그리스도이신 성령님께 두면 그의 음성을 들을 수 있습니다 (요일 2:27).

요한일서 2장 27절

너희는 주께 받은 바 기름부음이 너희 안에 거하나니 아무도 너희를 가르칠 필요가 없고 오직 그의 기름부음이 모든 것을 너희에게 가르치며 또 참되고 거짓이 없으니 너희를 가르치신 그대로 주 안에 거하라

우리 속에 소원을 갖도록 하셔서 행하게 하십니다 (빌 2:12-13).

빌립보서 2장 12-13절

12 그러므로 나의 사랑하는 자들아 너희가 나 있을 때뿐 아니라 더욱 지금 나 없을 때에도 항상 복종하여 두렵고 떨림으로 너희 구원을 이루라
13 너희 안에서 행하시는 이는 하나님이시니 자기의 기쁘신 뜻을 위하여 너희에게 소원을 두고 행하게 하시나니

9) 우리가 할 일은?

생각을 언제나 영에 두어야 합니다 (롬 8:5-6).

로마서 8장 5-6절

5 육신을 따르는 자는 육신의 일을, 영을 따르는 자는 영의 일을 생각하나니
6 육신의 생각은 사망이요 영의 생각은 생명과 평안이니라

이것은 안다고 해서, 한두 번 성공했다고 해서 되는 것이 아니라 훈련이 필요합니다.

그것은 생각을 영으로 돌이키는 훈련입니다.

10) 성령께 물어서 산다는 것은?

모든 것을 물어서 살라는 것입니다!

그러면 하나님의 다스림 안에 있게 되고 모든 삶이 하나님의 뜻을 알고 분별하여 살게 됩니다.

이렇게 되면 내 모든 환경을 주님이 나를 통해 다스림으로 하나님의 나라를 세우게 되는 것입니다 (빌 1:21).

빌립보서 1장 21절

이는 내게 사는 것이 그리스도니 죽는 것도 유익함이라

2. 새 생명으로 순종한다는 것은? (롬 6:4)

로마서 6장 4절

그러므로 우리가 그의 죽으심과 합하여 세례를 받음으로 그와 함께 장사되었나니 이는 아버지의 영광으로 말미암아 그리스도를 죽은 자 가운데서 살리심과 같이 우리로 또한 새 생명 가운데서 행하게 하려 함이라

1) 새 생명으로 어떻게 표현할 것인가를 물어야 합니다.

그 이유는 성령님께 물어서 들었음에도 우리의 경험과 지식이나 습관대로 표현한다면 이는 옛 생명으로 순종하는 것이 되므로 사망의 증상이 나타나게 됩니다.

이것을 갈 3:3은 성령으로 시작해서 육체로 마치는 어리석은 자가 된다고 말씀하십니다.

갈라디아서 3장 3절

너희가 이같이 어리석으냐 성령으로 시작하였다가 이제는 육체로 마치겠느냐

2) 그래서 뒷맛을 먼저 보아야 합니다.

그것은 주님께서 말씀하신 것을 행동으로 옮기기 전에 그 행동을 했을 때를 생각하면서 그것에 대한 자신에게 어떠한 맛이 생기는지 살펴 보아야 합니다.

또 상대방이 힘을 얻는지 위로가 되는지 혹시 힘이 빠지는지 큰 짐을 주는 것인지 정죄감을 받는 것인지 또는 근심 염려를 준 것은 아닌지를 살펴 보아야 합니다.

나 자신에게는 사망의 맛이 없는지 전하고 나서 허전하지 않는지를 살펴보는 것이 중요합니다.

3) 표현을 이렇게 해 보면 어떨까요?

자기 간증으로,
“저는 이런 때 이렇게 해 보았습니다.
저는 이렇게 알고 있습니다.
저에게는 이렇게 말씀하셨습니다.
저는 이렇게 배웠습니다.”라고 합니다.

4) 주의해야 할 것과 나타나는 증상들

명령이나 지시나 가르치는 어투를 사용해서는 안 됩니다.
결론은 하나님의 생명의 성분이 전달되어야 합니다.
왜냐하면?
생명 안에 있는 법, 요소, 성분 안에서 표현되기 때문입니다.

(1) 옛사람 곧 사람의 생명은 죄의 성분과 사탄의 성분 (요 8:44), 또 심히 부패하고 타락되었습니다 (렘 17:9).

죄와 사망의 법 아래 있기 때문에 사망의 증상이 이렇게 나타납니다.

요한복음 8장 44절

너희는 너희 아비 마귀에게서 났으니 너희 아비의 욕심대로 너희도 행하고자 하느니라 그는 처음부터 살인한 자요 진리가 그 속에 없으므로 진리에 서지 못하고 거짓을 말할 때마다 제 것으로 말하나니 이는 그가 거짓말쟁이요 거짓의 아비가 되었음이라

예레미야 17장 9절

만물보다 거짓되고 심히 부패한 것은 마음이라 누가 능히 이를 알리요마는

사망의 증상들 :

근심, 염려, 두려움, 미움, 분노, 짜증, 시기, 원망, 급한마음, 힘빠짐, 인색함, 정욕, 교만, 불만, 어두움, 비교, 판단 (죽을 맛 난다).

(2) 새사람 곧 하나님의 생명에는 죄를 지을 수 없는 생명, 부활의 생명, 전지전능한 생명, 하나님의 성분과 요소 안에서 표현됩니다 (요일 3:9).

요한일서 3장 9절

하나님께로부터 난 자마다 죄를 짓지 아니하나니 이는 하나님의 씨가 그의 속에 거함이요 그도 범죄하지 못하는 것은 하나님께로부터 났음이라

생명의 성령의 법 아래 있기 때문에 생명의 증상이 이렇게 나타납니다 (요일 5:13).

요한일서 5장 13절

내가 하나님의 아들의 이름을 믿는 너희에게 이것을 쓰는 것은 너희로 하여금 너희에게 영생이 있음을 알게 하려 함이라

생명의 증상들 :

기쁨, 감격, 기대감, 소망, 평안, 안식, 위로, 용서, 사랑, 힘, 겸손, 온유, 담대함, 자유함, 믿음, 부요, 찬송, 감사, 하나님 자랑, 하나님 사랑, 기도 (살맛 난다).

그러므로 물어서 미리 표현해 보고 상대방 입장에서 들어보고 어떤 맛이 생기는지를 파악하는 것이 중요합니다.

그리고 생명의 증상인지 사망의 증상인지 구분하여 생명의 증상이 나타나도록 훈련해야 합니다.

우리가 그리스도를 살기 위해서는 실제로 사는 훈련이 필요합니다!

1. 하나님의 음성을 들을 수 있어야 합니다.

하나님의 음성 듣기를 훈련해야 합니다.

예수님을 영접한 사람은 누구나 들을 수 있습니다.

하나님과 동행 하나님의 임재 가운데 목자 따라 사는 양으로서 살 수 있습니다.

2. 묵상을 통한 주님과의 동행하는 삶을 살 수 있습니다.

묵상부터 주님과 동행이 시작되고 하루를 주님과 함께 시작하며 주님을 느끼고 말씀이 실체화되며 체험되어서 벅찬 가슴으로 주님을 느끼며 살 수 있습니다 (골 3:16-17).

골로새서 3장 16-17절

16 그리스도의 말씀이 너희 속에 풍성히 거하여 모든 지혜로 피차 가르
치며 권면하고 시와 찬송과 신령한 노래를 부르며 감사하는 마음으로
하나님을 찬양하고
17 또 무엇을 하든지 말에나 일에나 다 주 예수의 이름으로 하고 그를 힘입어
하나님 아버지께 감사하라

3. 지금은 법이 바뀌었습니다! 바뀐 법을 알고 살아가야 합니다.

옛 언약과 새 언약을 알아야 합니다.

하나님의 경륜을 알고 그리스도를 살지 않으면 왜 안 되는지를 확실하게 분별해야만 합니다.

4. 영적전쟁을 할 수 있어야 합니다.

우리의 모든 삶이 영적 전쟁터임을 알고 실제적인 영적 전쟁을 할 수 있도록 그리스도의 군사로 훈련되어야 합니다.

5. 하나님의 경륜을 알아야 합니다.

복음제시를 통해 하나님의 통치 행정 즉 하나님의 경륜을 처음부터 끝까지를 깨닫고, 우리가 어떻게 신앙생활을 해야 할 것인지 목적을 알게 됩니다.

6. 구원의 확신이 있어야 합니다.

완전한 구원을 통해 혼돈되어 있는 구원 문제를 확실히 정리하고 영원한 천국에 가면 된다는 막연한 신앙에서 새사람이 하나님의 음성을 듣고, 하나님의 생명으로 살아야 할 이유를 알게 됩니다.

7. 구원받은 후의 죄 처리를 해야 합니다.

하나님의 경륜 가운데 계시된 **휴거**나 **심판**과 주님께서 이 땅에 세우실 하나님의 나라 **천년왕국**에 대해 마지막으로 계시한 새 예루살렘까지 성경에서 계시한 것까지만 함께 정리하게 됩니다.

우리 PLC(**그리스도를 사는 사람들)선교회**에서는 NPTC(**새 사람훈련코스)** 훈련를 통해 좀 더 자세하게 정리하며 영적인 기본 훈련을 하게 됩니다.

구원받은 새사람의 존재를 확실히 알게 하고 그 존재에 대하여 하나님께서 계획하신 삶과 방법대로 삶을 살게 될 것입니다.

또한 교회 안이나 교회 밖에서도 그리스도의 몸으로서 살게 되고 그리스도의 몸의 지체로서 평생을 살아가도록 도울 것입니다.

LCT(**함께 그리스도를 살기)**는 NPTC를 수료하신 분을 대상으로 새사람이 실제적으로 살 수 있도록 도움을 주고 있습니다.

매주마다 문제를 제시해서 함께 살아보고 체험한 것을 나누며 실패한 것도 나누어서 서로 새사람의 삶을 직간접적으로 배워 나가는 삶입니다.

이것은 완전히 처음부터 새로운 변화된 삶입니다.
성경을 통해 계시한 내용과 방법대로 살아가는 삶입니다.
그리스도인의 행복한 삶의 시작입니다.
확실하게 말씀드립니다.

스위스 로잔에서
로렌 커닝햄 부부,
홍성건 목사 부부와
함께한 자리에서
찍은 사진 (2000년 4월)
사진 왼쪽부터
노정수 목사 부부

PLC는 그리스도인의 삶에 관한 것만 돕는 데 사명을 주셨습니다.

주님이 말씀하십니다!

예수 믿고 복 받은 자들아!

그 교회 그 위치에서 열심히 신앙생활 하되,

바뀐 법을 알고 바뀐 법대로 살아보자!

사는 법 사는 방법을 하나님의 방법으로 살아보자!

하나님의 말씀이 모두 사실로 체험될 것이다.

참 기쁨과 자유와 평안한 삶을 나와 함께 시작해 보자!

나를 믿고 복 받은 자들아!

그 자리에 (현 위치) 머무르지 말고,

내가 말하는 자리로 나아오라!

내가 제시하는 길을 함께 보고 가자!

PLC 선교단체 연혁

- 2007.11.01　예수생명선교회 훈련 시작
- 2014.01.07~01.18(12일)

  방글라데시(치타공)와 태국(콩켄)에 선교사역(17명 참석)
- 2015년　선교회 이름을' PLC선교회'

  (People Living Christ : 그리스도를 사는 사람들)로 변경
- 2019.08.19.~08.22(3박4일)　제1차 교회회복사역

  대상 : 목회자, 사모, 교회 리더

  장소 : 새생명전원교회(충북 제천시 송학면 오미리 459-3)
- 2019.11.04.　집중세미나

  대상 : 사역자와 일반성도

  장소 : 사랑의교회 안성수양관/ 시간 : 13시~21시
- 2019.11.18.~11.21(3박4일)　제2차 교회회복사역

  대상 : 목회자, 사모, 교회 리더

  장소 : 새생명전원교회(충북 제천시 송학면 오미리 459-3)

- 2020년도 ‘코로나19’로 인하여 유튜브 동영상 3가지 컨텐츠 운영

  “바이블 브릿지”로마서와 다니엘서 16편 업로드

  수요 간사예배 13편 업로드

  새사람시리즈 소개영상 10편 제작 전파(매주 토요일 1편씩)

- 2021.06.02. 비영리사단법인 등록(고유번호 139-82-68186)
- 2022.07.04. ~ 현재까지

  NPTC훈련(New Training Course / 새사람 훈련 코스)줌 동영상

- 2023.05.15. ~ 현재까지

  LCT훈련(Living Christ Together / 함께 그리스도를 살기) 6개월간 훈련

- 2024.02.02. ~ 현재까지

  목요모임(매주 목요일 오후 7시~9시 기도와 삶을 나눔)

- 2024.04.22.

  PLC 컨퍼런스 개최(10:00~16:00/ 장소 ; 아주좋은교회)

- 2025.01.09. ~ 현재까지

  목요모임(매주 목요일 오후 7시~9시에 기도와 삶을 나눔)

- 2025.01.13. ~ 현재까지 NPTC훈련(줌 동영상)
- 2025.04.29. ~ 현재까지

  새사람시리즈 소개영상(10편 제작) 전파(매주 토요일 1편씩)

- 2025.05.08. ~ 현재까지 LCT훈련(함께그리스도를 살기)